聴いて覚える誰でも話せるドイツ語!

話せるドイツ語会話

遠山義孝／遠山ヘルガ 共著

TOYAMAS:DEUTSCH wie man es spricht

南雲堂

はしがき

　この本は私たち（日本人とドイツ人の夫婦）の協力作業によって生まれたものです。私たちはドイツ語が実際の生活の中でどのように話されるかを，1000の例文（付録を除く）にまとめてみました。二人ともそれぞれの相手国で，その国のことばを習い覚えた体験から，日本語でこう言うときには，ドイツ語でああ言うのだという調子で何度も論議をかさねました。だから集められた例文はすべて私たちが過去に耳にしたものばかりです。直訳に近いいわゆる作文会話例は載せてありません。また会話の中にもランデスクンデ（その国についての知識）をとりいれ，内容もできるだけ自然の流れになるよう心がけました。1000の会話文には通し番号をつけましたので，学習の励みにもなると思います。

　会話で大切なことは，相手がなにか言ったら，それに応じてすぐに発言することです。会話はひとりごとではなく対話なのです。いかにりっぱなドイツ文でも，相手がしゃべった後5秒もたってから言ったのでは，会話にはなりません。

　では，とぎれずに話を続けるには，どうしたらいいでしょうか。とにかく恥ずかしがらずにしゃべること，機械的にドイツ語が口をついて出てくるようにすることです。ただそのためにはドイツ語で考える習慣を身につけなければなりません。この本はドイツ人の思考法や，ドイツ語の雰囲気，リズムなどがわかるように工夫をこらしてあります。ですからいつも携帯して慣れ親しんでください。そうすれば自然にドイツ語で考えられるようになるはずです。

　会話の勉強は自転車乗りを覚えるのに似ています。何度も何度も転んで，はじめて自転車に乗れるようになりますね。そしていったん乗れるようになると，もう自分から転ぼうとしても転べません。語学もこれと同じで，なんども恥をかいたり，失敗を重ねることによって話せるようになるのです。この本は，言ってみれば，自転車に乗れるようになるまでの段階をあつかっています。基本的なことが話せるようになれば，しゃべることを忘

はしがき

れることはありませんし,遠出(応用)も自由になります。
　最後に発音のカナについて。これはあくまでも一つのめやすです。カナだけ読んでも生きたドイツ語にはなりません。まずCDを繰り返し聞いてみてください。何度も聞いているうちに,文の抑揚や微妙な音の調子なども聞き分けられるようになります。こんどは自分で大きな声を出してまねをしてみましょう。聞いてから声を出すこのやり方でドイツ語の本当の発音が身につきます。がんばってください。

新装版刊行に際して

　この度,『ドイツ語の決まり文句』(新書判)を全面改訂し,書名も新たに『話せるドイツ語会話』のもとに,新装版(A5判)が誕生しました。旧著が出版されてから既に16年の歳月が経ち,この間にドイツ社会には以下のような三つの大きな変化がありました。
　①東西ドイツの統一:1990年10月3日
　②新正書法の導入:1998年8月1日
　③ユーロ導入にともなう通貨「ドイツ・マルク」の廃止:2002年1月1日
　したがって,時代にそぐわない箇所や表現などが多数生じましたので,それらは全部差し換え,さらに新・正書法(語の綴りなどの規則)による書き直しを全面的に行いました。
　日本では,上記の期間にドイツ語の学習者人口が激減しました。これは主として大学のカリキュラム改革の結果ですが,今後はヨーロッパの中の一言語として,ドイツが好きでドイツに関心をもつ人たちによって学び継がれていくことと思います。
　本書が旧著にも増してご愛読,ご愛用いただけたら幸いです。
　　　2006年　早春　　　　　　　　　　　　　　　　著　者

目　　次

はしがき……………………………………………………………… 3
ドイツ語の基礎知識………………………………………………… 7
1　あいさつの決まり文句………………………………………… 13
2　場所に関する決まり文句……………………………………… 20
3　人を訪ねる時の決まり文句…………………………………… 24
4　紹介と招待の決まり文句……………………………………… 28
5　約束・誘いの決まり文句……………………………………… 38
6　買い物の決まり文句…………………………………………… 45
7　飲食店での決まり文句………………………………………… 54
8　家庭生活の決まり文句………………………………………… 61
9　交通機関の決まり文句………………………………………… 68
10　自動車に関する決まり文句…………………………………… 77
11　道案内の決まり文句…………………………………………… 81
12　観光旅行の決まり文句………………………………………… 87
13　時間に関する決まり文句……………………………………… 92
14　電話の決まり文句……………………………………………… 98
15　おわびの決まり文句…………………………………………… 103
16　お願いの決まり文句…………………………………………… 108
17　天候（自然現象）の決まり文句……………………………… 112
18　ホテルでの決まり文句………………………………………… 116
19　美容院・理髪店での決まり文句……………………………… 120
20　病気の際の決まり文句………………………………………… 124
21　銀行での決まり文句…………………………………………… 134
22　郵便局での決まり文句………………………………………… 139
23　あそびの決まり文句…………………………………………… 143

目　次

24　学校生活の決まり文句……………………………………… 149
25　役所での決まり文句………………………………………… 155
26　部屋さがしの決まり文句…………………………………… 160

付録：短くて役に立つ決まり文句………………………………… 165

コラム：ドイツ語会話の作法……………………………………… 12
　　　Sie と du の使い分け …………………………………… 18
　　　ドイツ語の数（1）………………………………………… 42
　　　グラムとポンド／ドイツ人とパン……………………… 52
　　　サイズ比較――日本とドイツの違い…………………… 53
　　　動物の鳴き声……………………………………………… 60
　　　ドイツ語の数（2）………………………………………… 97
　　　Entschuldigung の使い方について ……………………… 107
　　　接続法（Konjunktiv）について ………………………… 111
　　　さよならをいう習慣／適温ビール……………………… 123
　　　医者の呼び名……………………………………………… 133
　　　ドイツ人とスポーツ……………………………………… 148
　　　ドイツ乗物事情…………………………………………… 175

☆ ドイツ語の基礎知識 ☆

　本書『話せるドイツ語会話』に入る前に，ごく一般教養的なドイツ語に関する知識を頭にいれておきましょう。

　言語学的に見るならば，英語もドイツ語もともにゲルマン語から出たことばです。いうなれば，兄弟の関係にあることばですから，両者には似たところがたくさんあります。ただし長い年月の間に，それぞれ変化発展したため，異なる点も少なくありません。たとえばドイツ語の場合，名詞に男性，女性，中性という三つの文法上の性や四つの格が残っています。性の違いはそれぞれ冠詞 der〔デァ〕(男性), die〔ディ〕(女性), das〔ダス〕(中性) によって明らかにされ，格の変化は原則として冠詞の変化によってなされます。名詞が常に大文字で書かれるのも英語と違う点ですね。それから名詞の複数形は英語の場合，単数に -s をつければすみましたが，ドイツ語では幾種類もの複数形の作り方があります。たとえば複数をウムラウト (変母音) で表すなどはその一つです。

　このほか，形容詞に語尾変化があったり，動詞の語形変化が英語に比べて複雑だったり，敬称と親称の使い分けがあったり，やかましい規則もあります。

　ドイツ語はむずかしくて，とっつきにくいといわれるのもこのためです。たしかに断片的な文法事項の暗記というのは，苦労ばかり多くてむずかしいものです。

　これに対してドイツ語を耳から学習していく方法は，文法をそれと意識することなく，自然に覚えるのに適しています。どこの国の言語も最初に話しことばがあって，その後で文法ができた，という事実に思いをよせて下さい。文法が先にあって，ことばが後にできたのではないのです。だから目を通してのみ，文法事項を学習しても，なかなか生きたドイツ語を話すことはできません。といって文法の重要性を否定しているわけではありません。少なくとも初歩の段階では音声による学習が重要だということです。そのためには会話文を大きな声を出して覚えるのが，いちばんよいで

しょう。基本的な文法の知識はその過程で自然に身につくはずです。

ところでドイツ語会話を学ぶときの利点は，発音が英語に比べてやさしいことでしょう。だから日本人にはとっつきやすいのです。英語やフランス語は書いてあるとおりに読むとたいがい間違いですが，ドイツ語の場合はたいてい合っているといっていいくらいです。これはローマ字式に読める単語が多いということ，つまりドイツ語ではつづりと発音がだいたい一致しているということです。ためしに次の単語を発音してみましょう。

Náme 名前　　Dénken 考える

「ナーメ」と「デンケン」が正解です。またドイツ語のアクセントは原則として第一音節にあります。この点も英語のアクセントの複雑さで苦労した者にとっては福音ですね。だからドイツ語はもともと日本人には入りやすい言語なのです。

ところでドイツ語が公用語である国は，ドイツ，オーストリア，リヒテンシュタイン（以上3国はドイツ語が唯一の国語），スイス，ルクセンブルクの各国です。世界全体では約1億2千万人の人がドイツ語を話しているといわれています。次にドイツ語のアルファベットを掲げておきますから，まずその呼称を覚えてください。亀の甲文字ともいわれるドイツ文字（Fraktur）は現在はほとんど使われていないので割愛し，ラテン文字だけとしました。

🅞 1-2　　**Das Alphabet**　［ダス アルファベート］

A	a	[aː]	アー
B	b	[beː]	ベー
C	c	[tseː]	ツェー
D	d	[deː]	デー
E	e	[eː]	エー
F	f	[ɛf]	エフ

ドイツ語の基礎知識

G	g	[geː]	ゲー
H	h	[haː]	ハー
I	i	[iː]	イー
J	j	[jɔt]	ヨット
K	k	[kaː]	カー
L	l	[ɛl]	エル
M	m	[ɛm]	エム
N	n	[ɛn]	エヌ
O	o	[oː]	オー
P	p	[peː]	ペー
Q	q	[kuː]	クー
R	r	[ɛr]	エル
S	s	[ɛs]	エス
T	t	[teː]	テー
U	u	[uː]	ウー
V	v	[fau]	ファオ
W	w	[veː]	ヴェー
X	x	[iks]	イクス
Y	y	[ýpsilɔn]	ユプスィロン
Z	z	[tsɛt]	ツェット
	ß	[ɛs-tsɛ́t]	エスツェット
Ä	ä	[aːúmlaut]	アーウムラオト
Ö	ö	[oːúmlaut]	オーウムラオト
Ü	ü	[uːúmlaut]	ウーウムラオト

☆発音練習をかねて☆

　アー，ベー，ツェーというドイツ語のアルファベットの発音は，次のように人名（N, Q, Y は例外）と結びつけて覚えると便利です。これは電報，電話のときなどによく使われる慣用表現です。日本の「イロハのイ」「サクラのサ」にあたるといってよいでしょう。

A wie Anton
アー　ヴィー　アントン

B wie Berta
ベー　　　　ベルタ

C wie Cäsar
ツェー　　　ツェーザー

D wie Dora
デー　　　　ドーラ

E wie Emil
エー　　　　エーミール

F wie Friedrich
エフ　　　　フリードリッヒ

G wie Gustav
ゲー　　　　グスタフ

H wie Heinrich
ハー　　　　ハインリヒ

I wie Ida
イー　　　　イーダ

J wie Julius
ヨット　　　ユリウス

K wie Konrad
カー　　　　コンラート

L wie Ludwig
エル　　　　ルードヴィヒ

M wie Martha
エム　　　　マルタ

N wie Nordpol
エヌ　　　　ノルトポール

O wie Otto
オー　　　　オットー

P wie Paula
ペー　　　　パオラ

Q wie Quelle
クー　　　　クヴェレ

R wie Richard
エル　　　　リヒャルト

S wie Siegfried
エス　　　　ジークフリート

T wie Theodor
テー　　　　テオドーア

U wie Ulrich
ウー　　　　ウルリヒ

V wie Viktor
ファオ　　　ヴィクトア

W wie Wilhelm
ヴェー　　　ヴィルヘルム

X wie Xanthippe
イクス　　　クサンティッペ

Y wie Ypsilon
ユプスィロン　ユプスィロン

Z wie Zeppelin
ツェット　　ツェッペリーン

「アー・ヴィー・アントン」は「アントンのアー」の意味です。自分の名前を言うとき，これを使えばスペルを間違われる心配はありません。

例：Mein Name ist Yamada … Ypsilon, Anton, Martha, Anton, Dora, Anton.

「私の名前は山田です…Y・A・M・A・D・A・と綴ります」

▲街角で見かけるリトファスゾイレ（広告塔）

☆ ドイツ語会話の作法 ☆

　会話のときには、相手の目を見つめながら聞いたり話したりしましょう。目をそらせて喋ることは好まれません。また、握手のときは、しっかり力を込めて相手の手を握りましょう。日本人には握手の習慣がないため、小さいときからの握力の蓄積がなく、たいてい手をそっと触れるようなふにゃっとした握り方になってしまいます。これは相手に戸惑いを与えることにもなりますので気をつけましょう。握手は、姿勢をピンと正したまま行います。相手が余程偉い人ならば別ですが、一般に握手をしながらお辞儀をする（日本人がよくする動作です）必要はありません。女性の場合は、すわったままで握手することも許されますが、男性は女性がきたら、立ち上がって握手するのがエチケットです。

　「コーヒーにしますか、お茶にしますか？」と聞かれたときに Mir ist es egal〔ミーア・イスト・エス・エガール〕（どっちでもいいです）という答えは避けましょう。相手をわずらわせずに奥ゆかしく言ったつもりが、無関心（どうでもいい）という風に受け取られてしまいます。本当にどちらでもいいなら、最初から「お茶をお願いします」あるいは「コーヒーをお願いします」とはっきり言うことです。

　それから、ドイツ人の目には、中国人、韓国人、日本人が皆同じように見えてしまいます。ちょうど日本人が欧米人を見たときに何人だかわからないのと同じです。そのため、時々ドイツ人を驚かせる場面が出現します。ドイツ人に Sind Sie Chinese ?（あなたは中国人ですか）と質問されると、日本人は Nein!（ナイン）と大声で答えるようです。あたかも自分のアイデンティティーが損なわれたかのごとく怒る日本人の姿がそこにあります。彼らには中国人か日本人かがわからないだけですから、静かに Nein, ich bin kein Chinese, ich bin Japaner.（いいえ、中国人ではありません、私は日本人です）と言えばよいのです。もっと気がきいているのは、ニコニコしながら Raten Sie mal, woher ich komme.（何人かあててごらんなさい）と逆に質問することでしょう。

1 あいさつの決まり文句

1. おはよう。　　　　　　　**Guten Morgen!**
   グーテン　モルゲン

2. おはよう，マンさん。　　**Guten Morgen, Herr Mann!**
   グーテン　モルゲン　ヘア　マン

3. こんにちは。　　　　　　**Guten Tag!**
   グーテン　ターク

   ➡ 南ドイツ地方では Servus! / Grüß Gott!〔セルヴス，グリュス・ゴット〕も用いられます。

4. こんにちは，マイさん。　**Guten Tag, Frau May!**
   グーテン　ターク　フラオ　マイ

5. こんばんは。　　　　　　**Guten Abend!**
   グーテン　アーベント

6. こんばんは，ブンダーマンさん。　**Guten Abend Fräulein Bundermann!**
   グーテン　アーベント　フロイライン　ブンダーマン

   ➡ Fräulein は未婚の女性の名字の前につける敬称。しかし今日では Frau を用いるのがふつうです。

7. お休みなさい。　　　　　**Gute Nacht!**
   グーテ　ナハト

8. お休み，ハンス。　　　　**Gute Nacht, Hans!**
   グーテ　ナハト　ハンス

9. さようなら。　　　　　**Auf Wiedersehen!**
　　　　　　　　　　　アオフ　ヴィーダーゼーエン

10. じゃあね。　　　　　**Tschüs!**
　　　　　　　　　　　チュッス

➡ 親しい間がら同士で使うくだけた表現です。

11. ではまた。　　　　　**Bis bald!**
　　　　　　　　　　　ビス　バルト

12. ではあとでまた。　　**Also, bis nachher!**
　　　　　　　　　　　アルゾー　ビス　ナッハヘア

13. ご無事を（祈る）。　**Alles Gute!**
　　　　　　　　　　　アレス　グーテ

14. ごきげんよう。　　　**Leben Sie wohl!**
　　　　　　　　　　　レーベン　ズィー　ヴォール

➡ 親しい間がらで相手が一人のときは leb wohl!〔レープ・ヴォール〕二人以上のときは lebt wohl!〔レープト・ヴォール〕と言います。

15. ごきげんいかがですか？　**Wie geht es Ihnen?**
　　　　　　　　　　　　　ヴィー　ゲート　エス　イーネン

16. ありがとう，あなたは？　**Danke, gut. Und Ihnen?**
　　　　　　　　　　　　　ダンケ　グート　ウント　イーネン

➡「あなたは？」Und Ihnen?〔ウント・イーネン〕と聞き返すのが礼儀です。

17. 元気ですか？　　　　**Wie geht's dir?**
　　　　　　　　　　　ヴィー　ゲーツ　ディーア

18. ありがとう，君は？　**Danke, gut. Und dir?**
　　　　　　　　　　　ダンケ　グート　ウント　ディーア

➡ 17.18. は親しい間柄（一人）の場合です。

19. ありがとう。　　　　　　**Danke!**
　　　　　　　　　　　　　　ダンケ

20. ありがとうございます。　**Danke schön!**
　　　　　　　　　　　　　　ダンケ　　シェーン

21. どうもありがとう。　　　**Danke sehr!**
　　　　　　　　　　　　　　ダンケ　　ゼーア

22. 本当に感謝します。　　　**Vielen Dank!**
　　　　　　　　　　　　　　フィーレン　ダンク

23. 心から感謝します。　　　**Herzlichen Dank!**
　　　　　　　　　　　　　　ヘルツリヒェン　　ダンク

➡ 19.～23.はいずれもよく使われる感謝の表現です。

24. 礼にはおよびません。　　**Nichts zu danken.**
　　　　　　　　　　　　　　ニヒツ　　ツー　ダンケン

25. どういたしまして。　　　**Keine Ursache.**
　　　　　　　　　　　　　　カイネ　　ウアザッヘ

26. どうぞ。　　　　　　　　**Bitte!**
　　　　　　　　　　　　　　ビッテ

➡ Bitte schön!〔ビッテ・シェーン〕Bitte sehr〔ビッテ・ゼーア〕のほうがていねいな言い方です。これらの表現は状況に応じて「どういたしまして」の意味にもなります。

27. 失礼ですが…　　　　　　**Entschuldigen Sie bitte...**
　　　　　　　　　　　　　　エントシュルディゲン　　ズィー　ビッテ

28. すみません。　　　　　　**Entschuldigung!**
　　　　　　　　　　　　　　エントシュルディグング

29. 失礼。　　　　　　　　　**Verzeihung!**
　　　　　　　　　　　　　　フェアツァイウング

30. よいお年を。　　　　　　**Guten Rutsch ins Neue Jahr!**
　　　　　　　　　　　　　グーテン　ルッチュ　インス　ノイエ　ヤール

31. 新年おめでとう。　　　　**Frohes Neues Jahr!**
　　　　　　　　　　　　　フローエス　ノイエス　ヤール

➡ Prosit Neujahr!〔プローズィト・ノイヤール〕とも言います。

32. おめでとう。　　　　　　**Herzlichen Glückwunsch!**
　　　　　　　　　　　　　ヘルツリヒェン　グリュックヴンシュ

33. お誕生日おめでとう。　　**Herzlichen Glückwunsch zum Geburtstag!**
　　　　　　　　　　　　　ヘルツリヒェン　グリュックヴンシュ　ツム　ゲブルツターク

34. イースター，おめでとう。　**Frohe Ostern!**
　　　　　　　　　　　　　フローエ　オステルン

35. クリスマス，おめでとう。　**Frohe Weihnachten!**
　　　　　　　　　　　　　フローエ　ヴァイナハテン

36. おめでとう。　　　　　　**Frohes Fest!**
　　　　　　　　　　　　　フローエス　フェスト

➡ 祝祭日やパーティーでのあいさつです。

37. お大事に。　　　　　　　**Gesundheit!**
　　　　　　　　　　　　　ゲズントハイト

➡ ひとがくしゃみをしたときに言います。

38. お大事に。　　　　　　　**Gute Besserung!**
　　　　　　　　　　　　　グーテ　ベッセルング

➡ 病気の回復を祈って言います。

あいさつの決まり文句

39. お悔やみ申しあげます。　　**Herzliches Beileid!**
　　　　　　　　　　　　　　　ヘルツリヒェス　　バイライト

40. しばらくぶりですね。　　　**Lange nicht gesehen!**
　　　　　　　　　　　　　　　ランゲ　ニヒト　ゲゼーエン

41. 皆さんによろしく。　　　　**Grüßen Sie bitte alle!**
　　　　　　　　　　　　　　　グリューセン　ズィー　ビッテ　アレ

42. がんばってね。　　　　　　**Ich drücke dir die Daumen.**
　　　　　　　　　　　　　　　イッヒ　ドゥリュッケ　ティーア　ディ　ダオメン

43. 成功を祈ります。　　　　　**Guten Erfolg!**
　　　　　　　　　　　　　　　グーテン　エァフォルク

44. ご多幸を（祈る）。　　　　**Viel Glück!**
　　　　　　　　　　　　　　　フィール　グリュック

45. よく眠れましたか。　　　　**Haben Sie gut geschlafen?**
　　　　　　　　　　　　　　　ハーベン　ズィー　グート　ゲシュラーフェン

46. ようこそ。　　　　　　　　**Herzlich Willkommen!**
　　　　　　　　　　　　　　　ヘルツリヒ　ヴィルコメン

47. （食事時のあいさつ）　　　**Mahlzeit!**
　　　　　　　　　　　　　　　マールツァイト

48. （食卓でのあいさつ）　　　**Guten Appetit!**
　　　　　　　　　　　　　　　グーテン　アペティート

➡ 47.は昼食時にオフィスや学生食堂などで「こんにちは」の意味でも使われ，48.は「どうぞ召し上がれ」「いただきます」などその場の状況に応じて使われます。

☆ Sie と du の使い分け ☆

　ドイツ語では，相手と話をするとき，親しさの度合いによって，二通りの言い方があります。敬称と呼ばれている Sie(あなた)と親称の du(おまえ)です。英語が you だけですんだのと，この点が違います。

　du は親子，兄弟，夫婦，恋人，友達同士の間などの関係の深い，親しい間がらで使われます。これに対して Sie は，初対面の人とか，一般に大人同士の「あなた」というときに使われる，かしこまった言い方です。子供の間のやりとりも du です。大人が小さな子供に話しかけるときも du です。ですからドイツ人はまず du から習い始め，大きくなるにしたがって，Sie の使い方をおぼえます。日本人が，ドイツ語を習う場合，ふつうこの過程が逆になります。まず Sie でしゃべることから始め，友達や恋人などの親しい関係になってから，du を使うようになるからです。

　訳語をかりに「あなた」「おまえ」としましたが，これは二つの言い方を区別するための便宜的なものです。いつもこの通りになるとはかぎりません。

　たとえば，ドイツでは子供が「お父さん」のことを du で呼びかけますが，これを「おまえ」としたらおかしいでしょう。また日本では奥さんが，だんなさんに向かって「あなた」と言いますが，この「あなた」は du であって，Sie ではありません。

　学生などの間では初対面のときから，du を使います。ただし，du を使うときは「太郎」「ハンス」などの名前で呼びあいます。姓で呼ぶのは Sie のときだけです。この場合，姓の前に，男性の場合は Herr...，既婚の女性の場合には Frau...，未婚の女性の場合には Fräulein...をつけて呼びます。現在は若い未婚の女性でも Frau...

と呼ばれるようになりました。これはウーマンリブ（女性解放運動）の影響といわれています。

▲ヒレハウス（ハンブルク）

2 場所に関する決まり文句

🎧 1-4

49. すみません、郵便局はどちらですか？

Verzeihen Sie bitte, wo ist die Post?
フェアツァイエン　ズィー　ビッテ　ヴォー　イスト
ディ　ポスト

50. 出口はどこですか？

Wo ist der Ausgang?
ヴォー　イスト　デア　アオスガング

51. すみません、トイレはどちらですか？

Entschuldigen Sie bitte, wo sind die Toiletten?
エントシュルディゲン　ズィー　ビッテ　ヴォー
ズィント　ディ　トァレッテン

➡ 外出先などで聞く場合です。訪問先の家庭などでは、Wo ist das Badezimmer?〔ヴォー・イスト・ダス・バーデツィンマー〕（バスルームはどちらですか）と聞いたほうがよいでしょう。

52. タクシー乗り場はどこでしょう。

Wissen Sie, wo ein Taxistand ist?
ヴィッセン　ズィー　ヴォー　アイン
タクスィーシュタント　イスト

➡ 流しのタクシーは日本と違ってほとんどありません。

53. この近くに薬局がありますか？

Gibt es hier in der Nähe eine Apotheke?
ギプト　エス　ヒーア　イン　デア　ネーエ
アイネ　アポテーケ

54.	はい、すぐ右の角のところです。	**Ja, gleich rechts um die Ecke.** ヤー グライヒ レヒツ ウム ディ エッケ
55.	この近くではレストランはどこにありますか？	**Wo ist hier ein Restaurant?** ヴォー イスト ヒーア アイン レストラン
56.	「広場」わきにあります。	**Am Markt ist eins.** アム マルクト イスト アインス
57.	そこは安く食べられますか？	**Kann man dort billig essen?** カン マン ドルト ビリッヒ エッセン
58.	安く食べるんだったら、駅がいいですね。	**Billig essen Sie am besten am Bahnhof.** ビリッヒ エッセン ズィー アム ベステン アム バーンホーフ
59.	ここ、電話ある？	**Kann man hier telefonieren?** カン マン ヒーア テレフォニーレン

➡ レストランなどで聞くときに使います。

60.	ここはどこですか？	**Wo sind wir hier?** ヴォー ズィント ヴィーア ヒーア

➡ 日本語をそのまま訳して Wo ist hier?〔ヴォー・イスト・ヒーア〕と言いがちですが、これはまちがいです。

61.	ノイマルクトです。	**Wir sind am Neumarkt.** ヴィーア ズィント アム ノイマルクト
62.	地図の上ではどこでしょう。	**Wo ist das auf der Karte?** ヴォー イスト ダス アオフ デア カルテ
63.	ここですよ。	**Hier.** ヒーア

64. 教えていただいてどうもありがとう。　**Vielen Dank für Ihre Auskunft.**
フィーレン　ダンク　フューア　イーレ　アオスクンフト

65. あのー、本屋さんはどこでしょう。　**Verzeihung, wo finde ich eine Buchhandlung?**
フェアツァイウング　ヴォー　フィンデ　イッヒ　アイネ　ブーフハンドルング

66. お住まいはどちらですか？　**Wo wohnen Sie?**
ヴォー　ヴォーネン　ズィー

67. ボンです。　**Ich wohne in Bonn.**
イッヒ　ヴォーネ　イン　ボン

➡住んでいる場所（市町村等）の前には in をつけます。

68. 音楽会の切符はどこで買えますか？　**Wo kann ich Konzertkarten kaufen?**
ヴォー　カン　イッヒ　コンツェルトカルテン　カオフェン

69. プレイガイドか直接フィルハーモニーへ行けばよいのです。　**Bei der Theaterkasse oder direkt an der Philharmonie.**
バイ　デア　テアターカッセ　オーダー　ディレクト　アン　デア　フィルハルモニー

70. どこで乗り換えなければなりませんか？　**Wo muss ich umsteigen?**
ヴォー　ムス　イッヒ　ウムシュタイゲン

71. 中央駅です。　**Am Hauptbahnhof.**
アム　ハオプトバーンホーフ

72. モンシャオってどこですか？　**Wo ist Monschau?**
ヴォー　イスト　モンシャオ

73. アーヘン近郊です。　　**In der Nähe von Aachen.**
　　　　　　　　　　　　　イン デア　ネーエ　フォン アーヘン

▲ベートーヴェンの第九交響曲の案内広告

▲ケルンのカーニバル

3 人を訪ねる時の決まり文句

🎵 1-5

74. マイヤーさん，いらっしゃいますか？
Ist Herr Meyer da?
イスト　ヘア　マイヤー　ダ

75. すこしお待ち下さい。
Einen Moment, bitte!
アイネン　モメント　ビッテ

　➡ Einen Augenblick, bitte!〔アイネン・アオゲンブリック・ビッテ〕とも言います。

76. はい，おります。
Ja, Herr Meyer ist da.
ヤー　ヘア　マイヤー　イスト　ダ

77. ここでお待ち下さい。
Bitte, warten Sie hier!
ビッテ　ヴァルテン　ズィー　ヒーア

78. グロースさんに面会したいのですが。
Entschuldigen Sie, kann
エントシュルディゲン　ズィー　カン
ich Frau Groß treffen?
イッヒ　フラオ　グロース　トゥレッフェン

79. あなたのお名前はなんとおっしゃいますか？
Wie ist Ihr Name, bitte?
ヴィー　イスト　イーア　ナーメ　ビッテ

80. 田中と申します。
Mein Name ist Tanaka.
マイン　ナーメ　イスト　タナカ

81. お約束はなさっていますか？
Haben Sie eine Verabredung?
ハーベン　ズィー　アイネ　フェアアブレードゥング

人を訪ねる時の決まり文句

82. いいえ。

    Nein, ich habe keine.
    ナイン　イッヒ　ハーベ　カイネ

83. すこしお待ち願います。

    Warten Sie einen
    ヴァルテン　ズィー　アイネン
    Augenblick, bitte!
    アオゲンブリック　　ビッテ

84. グロースさん，今席をはずしています。

    Frau Groß ist momentan
    フラオ　グロース　イスト　モメンタン
    nicht da.
    ニヒト　ダ

85. 明日おいで下さい，面会時間がありますから。

    Kommen Sie morgen, dann
    コメン　　ズィー　モルゲン　　ダン
    hat sie ihre Sprechstunde.
    ハット　ズィー　イーレ　シュプレッヒシュトゥンデ

86. ラーンさんと約束してあります。

    Ich bin mit Herrn Rahn
    イッヒ　ビン　ミット　ヘルン　　ラーン
    verabredet.
    フェアアブレーデット

87. お名前は何とおっしゃいますか？

    Wie heißen Sie, bitte?
    ヴィー　ハイセン　　ズィー　ビッテ

    ➡ 79. と意味は同じです。ただし，問いに合わせて，79. の場合には，Mein Name ist…〔マイン・ナーメ・イスト…〕で，87. の場合には，次の88. のようにIch heiße…〔イッヒ・ハイセ…〕で答えます。

88. 渡辺といいます。

    Ich heiße Watanabe.
    イッヒ　ハイセ　　ワタナベ

89. えっ………？

    Wie bitte?
    ヴィー　ビッテ

    ➡ わからなかったときに，聞き返す表現です。

90. わ・た・な・べ。 **Wa-ta-na-be.**
    ワ　タ　ナ　ベ

    ➡日本人の名前はドイツ人にはわかりにくいので，区切ってはっきり言いましょう。

91. どうぞおかけ下さい。 **Nehmen Sie bitte Platz.**
    ネーメン　ズィー　ビッテ　プラッツ

92. ヴィルトさんを見かけましたか？ **Haben Sie Frau Wild**
    ハーベン　ズィー　フラオ　ヴィルト
    gesehen？
    ゲゼーエン

93. 彼女，図書館に行きましたよ。 **Sie ist in die Bibliothek**
    ズィー　イスト　イン　ディー　ビブリオテーク
    gegangen.
    ゲガンゲン

94. カイは何時に帰る？ **Wann kommt Kai nach**
    ヴァン　コムト　カイ　ナッハ
    Hause？
    ハオゼ

95. わかんない。 **Ich weiß es nicht.**
    イッヒ　ヴァイス　エス　ニヒト

96. 校長先生はどちらでしょうか？ **Wo finde ich den**
    ヴォー　フィンデ　イッヒ　デン
    Schuldirektor？
    シュールディレクトア

    ➡schulleiter〔シュールライター〕とも言います。

97. 用務員さんに聞いて下さい。 **Fragen Sie bitte den**
    フラーゲン　ズィー　ビッテ　デン
    Hausmeister.
    ハオスマイスター

人を訪ねる時の決まり文句

98. 校長は彼のオフィスにいます。

Herr Direktor ist in seinem Büro.
ヘア　ディレクトア　イスト イン ザイネム
ビュロー

▲夜のウインドウショッピング

4 紹介と招待の決まり文句

🔊 1-6

99. 私，田中と申します。　**Darf ich mich vorstellen?**
ダルフ　イッヒ　ミッヒ　フォアシュテレン
Tanaka.
タナカ

100. どうも，コールです。　**Sehr erfreut. Kohl.**
ゼーア　エアフロイト　コール

101. フィッシャーさんをご紹介します。　**Ich möchte Ihnen Herrn**
イッヒ　メヒテ　イーネン　ヘルン
Fischer vorstellen.
フィッシャー　フォアシュテレン

102. フィッシャーさん，こちらコールさん。　**Herr Fischer, das ist Herr**
ヘア　フィッシャー　ダス　イスト　ヘア
Kohl.
コール

103. よろしく。　**Angenehm.**
アンゲネーム

104. ご紹介しましょう，ショップさんです。　**Darf ich vorstellen?**
ダルフ　イッヒ　フォアシュテレン
Frau Schopp.
フラオ　ショップ

105. 紹介させて下さい。　**Darf ich bekannt machen?**
ダルフ　イッヒ　ベカント　マッヘン

紹介と招待の決まり文句

106. こちらハンゼンさんです。（男性）
Das ist Herr Hansen.
ダス イスト ヘア ハンゼン

107. こちらパルムさん。（女性）
Das ist Frau Palm.
ダス イスト フラオ パルム

108. こちらルンゲ博士です。
Das ist Frau Dr. Runge.
ダス イスト フラオ ドクトーア ルンゲ

➡️ ドイツ語では紹介のときに Das ist...（これは…）と言います。Dr. は Doktor の省略形です。

109. どちら様ですか？
Wer sind Sie bitte？
ヴェア ズィント ズィー ビッテ

110. 田中良夫です。
Ich bin Yoshio Tanaka.
イッヒ ビン ヨシオ タナカ

111. あのご婦人はどなたですか？
Wer ist die Dame？
ヴェア イスト ディ ダーメ

112. いや知りません。
Die kenne ich nicht.
ディー ケネ イッヒ ニヒト

113. こちら私の同僚の金井さんです。
Das ist Herr Kanai, mein
ダス イスト ヘア カナイ マイン
Kollege.
コレーゲ

114. ぼくのガールフレンドの真理子です。
Das ist meine Freundin
ダス イスト マイネ フロインディン
Mariko.
マリコ

115. あなたのお名前をうかがえますか？

Darf ich um Ihren Namen bitten？
ダルフ　イッヒ　ウム　イーレン　ナーメン　ビッテン

116. 阿部といいます。

Mein Name ist Abe.
マイン　ナーメ　イスト　アベ

117. お知り合いになれてうれしいです。

Ich freue mich, Sie kennenzulernen.
イッヒ　フロイエ　ミッヒ　ズィー　ケネンツーレルネン

118. 一度おじゃましてよろしいですか？

Darf ich Sie einmal besuchen？
ダルフ　イッヒ　ズィー　アインマール　ベズーヘン

119. ええ，ただし，おいでになる前にお知らせ下さいね。

Ja, aber geben Sie mir bitte vorher Bescheid！
ヤー　アーバー　ゲーベン　ズィー　ミーア　ビッテ　フォアヘア　ベシャイト

120. 私どものところへ一度お訪ね下さい。

Besuchen Sie uns doch mal.
ベズーヘン　ズィー　ウンス　ドッホ　マール

121. 日曜日にちょっとお出かけ下さい。

Kommen Sie am Sonntag mal bei uns vorbei.
コメン　ズィー　アム　ゾンターク　マール　バイ　ウンス　フォアバイ

122. 私たちといっしょにコーヒーをいかがですか？

Trinken Sie doch mit uns Kaffee.
トゥリンケン　ズィー　ドッホ　ミット　ウンス　カッフェー

紹介と招待の決まり文句

123. お入りになりませんか？
Möchten Sie nicht herein kommen?
メヒテン ズィー ニヒト ヘライン コメン

124. あなたをご招待したいのですが。
Wir möchten Sie gern zu uns einladen.
ヴィーア メヒテン ズィー ゲルン ツー ウンス アインラーデン

125. 5月10日はご都合いかがですか？
Passt es Ihnen am 10. (zehnten) Mai?
パスト エス イーネン アム ツェーンテン マイ

126. あなたと奥さんを夕食にお招きしたいと思います。
Wir möchten Sie und Ihre Frau zum Abendessen einladen.
ヴィーア メヒテン ズィー ウント イーレ フラオ ツム アーベントエッセン アインラーデン

127. こんばんは，ようこそ。
Guten Abend, herzlich Willkommen!
グーテン アーベント ヘルツリッヒ ヴィルコメン

➡ 訪ねてきた人を玄関で迎えるときに言います。

128. ご招待感謝します。
Danke für die Einladung.
ダンケ フューア ディ アインラードゥング

129. このお花，どうぞ。（差し出しながら）
Bitte sehr, die Blumen sind für Sie.
ビッテ ゼーア ディ ブルーメン ズィント フューア ズィー

➡ ドイツでは，訪問するときの手みやげは，花束が一般的です。

130. まあ素敵, どうも。
Wie schön, danke sehr.
ヴィー シェーン ダンケ ゼーア

131. お入り下さい。
Kommen Sie herein!
コメン ズィー ヘライン

132. コートをお脱ぎになって下さい。
Legen Sie Ihren Mantel ab.
レーゲン ズィー イーレン マンテル アブ

133. 何がよろしいでしょうか？
Was kann ich Ihnen anbieten？
ヴァス カン イッヒ イーネン アンビーテン

134. カルヴァドスそれともシェリー？
Calvados oder Sherry？
カルヴァドス オーダー シェリー

　➡ カルバドスはりんご酒を蒸留したブランデーです。

135. お言葉に甘えて, ではシェリーを。
Sherry, wenn ich bitten darf.
シェリー ヴェン イッヒ ビッテン ダルフ

136. どうぞ, ゆっくりくつろいで下さい。
Tun Sie bitte wie zu Hause.
トゥン ズィー ビッテ ヴィー ツー ハオゼ

137. シェーンさんをご存知ですか？
Kennen Sie Herrn Schön？
ケネン ズィー ヘルン シェーン

138. 初めまして（うれしいです）。
Es freut mich, Sie kennenzulernen.
エス フロイト ミッヒ ズィー ケネンツーレルネン

139.	どちらからですか？	**Woher sind Sie？** ヴォーヘア　ズィント　ズィー
140.	どちらからおいでですか？	**Woher kommen Sie？** ヴォーヘア　コメン　　　ズィー
141.	日本からです。	**Ich komme aus Japan.** イッヒ コメ　　　アオス　ヤーパン
142.	ご趣味は？	**Haben Sie ein Hobby？** ハーベン　　ズィー アイン ホビー
143.	ご職業は何ですか？	**Was sind Sie von Beruf？** ヴァス　ズィント ズィー フォン ベルーフ
144.	何人，兄弟（姉妹）をお持ちですか？	**Wieviele Geschwister haben** ヴィーフィーレ　ゲシュヴィスター　　　　ハーベン **Sie？** ズィー
145.	妹（姉）2人と弟（兄）2人です。	**Ich habe zwei Schwestern** イッヒ ハーベ　　ツヴァイ　シュヴェステルン **und zwei Brüder.** ウント　ツヴァイ　ブリューダー
146.	私たち4人兄弟です。	**Wir sind vier Geschwister.** ヴィーア ズィント フィーア ゲシュヴィスター
147.	ぼくは長男です。	**Ich bin der älteste Sohn.** イッヒ ビン　デア　エルテステ　ゾーン
148.	お茶にしますか，それともコーヒー？	**Tee oder Kaffee？** テー　　オーダー　カフェー
149.	コーヒーをお願いします。	**Kaffee, bitte！** カフェー　　　ビッテ

150. コーヒー，もう一杯いかが？
Noch eine Tasse Kaffee？
ノッホ　アイネ　タッセ　カフェー

151. いいえ，結構です。
Nein, danke.
ナイン　ダンケ

152. たばこ吸ってもよろしいですか？
Darf ich rauchen？
ダルフ　イッヒ　ラオヘン

153. ええ，でもバルコニーでね。
Ja, aber nur auf dem Balkon.
ヤー　アーバー　ヌア　アオフ　デム　バルコン

➡ たばこを吸う場合には，152.のように聞いてからにしましょう。また食事の最中には吸ってはいけません。

154. 何か楽器をおひきになりますか？
Können Sie irgendein Musikinstrument spielen？
ケネン　ズィー　イルゲントアイン　ムズィークインストルメント　シュピーレン

155. はい，ヴァイオリンをやります。
Ja, ich spiele Geige.
ヤー　イッヒ　シュピーレ　ガイゲ

156. TVの番組では何がいちばん好きですか？
Was sehen Sie am liebsten im Fernsehen？
ヴァス　ゼーエン　ズィー　アム　リープステン　イム　フェルンゼーエン

157. ニュースを見るのが大好きです。
Ich sehe sehr gern die Tagesschau.
イッヒ　ゼーエ　ゼーア　ゲルン　ディ　ターゲスシャオ

158. 食事の用意ができました，どうぞ。　**Kommen Sie bitte zum Essen.**
コメン　ズィー　ビッテ　ツーム　エッセン

159. お座り下さい。　**Bitte, setzen Sie sich!**
ビッテ　ゼッツェン　ズィー　ズィッヒ

160. 野菜をもっとお取りになって！　**Nehmen Sie noch Gemüse!**
ネーメン　ズィー　ノッホ　ゲミューゼ

161. バターをこちらにお願いします。　**Können Sie mir bitte die Butter reichen.**
ケネン　ズィー　ミーア　ビッテ　ディ　ブッター　ライヒェン

➡ 手の届かないものを，とってほしいときに用いる表現です。人の前にあるものを，何も言わずに自分から手をのばしてとることは，たいへん失礼に当たります。

162. もっといかが？　**Darf ich nachschenken?**
ダルフ　イッヒ　ナッハシェンケン

➡ 飲み物の場合です。食物の場合は Möchten Sie noch etwas?〔メヒテン・ズィー・ノッホ・エトヴァス〕と言います。

163. このお料理はすばらしいです。　**Das Essen ist sehr gut.**
ダス　エッセン　イスト　ゼーア　グート

164. あなたは料理がお上手ですね。　**Sie sind ein guter Koch.**
ズィー　ズィント　アイン　グーター　コッホ

165. おいしいですか？　**Schmeckt es Ihnen?**
シュメックト　エス　イーネン

166. ええ，とても。　**Ja, ausgezeichnet.**
ヤー　アオスゲツァイヒネット

167.	食器洗いを手伝わせて下さい。	**Darf ich Ihnen abwaschen helfen?** ダルフ イッヒ イーネン アプヴァッシェン ヘルフェン
168.	そろそろ，おいとましなければなりません。	**Ich muss leider langsam gehen.** イッヒ ムス ライダー ラングザーム ゲーエン
169.	おいとまさせていただきます。	**Darf ich mich verabschieden?** ダルフ イッヒ ミッヒ フェアアプシーデン
170.	もうお帰りですか？	**Müssen Sie schon gehen?** ミュッセン ズィー ショーン ゲーエン
171.	もうお帰りになるなんて残念ですわ。	**Schade, dass Sie schon gehen.** シャーデ ダス ズィー ショーン ゲーエン
172.	楽しいパーティーどうもありがとう。	**Vielen Dank für die nette Party.** フィーレン ダンク フューア ディ ネッテ パーティー
173.	すばらしい夕べに感謝します。	**Danke für den schönen Abend!** ダンケ フューア デン シェーネン アーベント
174.	実に楽しかった。	**Es war sehr nett.** エス ヴァール ゼーア ネット
175.	お知り合いになれてよかったです。	**Es war schön, Sie kennengelernt zu haben.** エス ヴァール シェーン ズィー ケネンゲレルント ツー ハーベン

紹介と招待の決まり文句

176. お気をつけてお帰り下さい。

Kommen Sie gut nach Hause.
コメン　ズィー　グート　ナッハ　ハオゼ

➡ 家に帰るときは gehen〔ゲーエン〕ではなく kommen〔コメン〕を使います。

177. ご多幸と無事のご帰国をお祈りいたします。

Ich wünsche Ihnen alles Gute und eine gute Heimkehr.
イッヒ　ヴュンシェ　イーネン　アレス　グーテ　ウント　アイネ　グーテ　ハイムケーア

178. 私たち，さびしくなりますよ，きっと。

Wir vermissen Sie bestimmt.
ヴィーア　フェアミッセン　ズィー　ベシュティンムト

179. お子さんたちによろしく。

Grüßen Sie bitte Ihre Kinder!
グリューセン　ズィー　ビッテ　イーレ　キンダー

5 約束・誘いの決まり文句

180. 散歩しましょうか？ **Wollen wir einen Spaziergang machen?**
ヴォレン　ヴィーア　アイネン　シュパツィアガング　マッヘン

➡ ドイツ人の散歩好きは世界的に有名です。

181. はい，どこに行きましょうか？ **Ja, wo wollen wir hin?**
ヤー　ヴォー　ヴォレン　ヴィーア　ヒン

182. 公園か，それともウィンドーショッピングにしますか？ **Gehen wir in den Park oder machen wir einen Schaufensterbummel?**
ゲーエン　ヴィーア　イン　デン　パルク　オーダー　マッヘン　ヴィーア　アイネン　シャオフェンスターブンメル

183. それより町をブラブラしましょう。 **Lieber einen Stadtbummel.**
リーバー　アイネン　シュタットブンメル

184. 映画を見に行こうか？ **Wollen wir ins Kino gehen?**
ヴォレン　ヴィーア　インス　キーノ　ゲーエン

185. いま何やってる？ **Welchen Film gibt es?**
ヴェルヒェン　フィルム　ギプト　エス

➡ es gibt（〜がある）は非常に応用範囲が広い表現です。

約束・誘いの決まり文句

186. あの映画なら，もう見たよ。　　**Den habe ich schon gesehen.**
　　デン　ハーベ　イッヒ　ショーン　ゲゼーエン

187. 劇を見にいこう　　**Gehen wir ins Theater!**
　　ゲーエン　ヴィーア　インス　テアター

188. 今日の演し物は何かね？　　**Was spielt man heute im Theater?**
　　ヴァス　シュピールト　マン　ホイテ　イム　テアター

189. レッシングの「賢人ナータン」です。　　**„Nathan der Weise" von Lessing.**
　　ナータン　デア　ヴァイゼ　フォン　レッシング

　➡ レッシング（1729〜81）はドイツ啓蒙主義の劇作家です。

190. まだ今日の切符はありますか？　　**Gibt es noch Karten für heute?**
　　ギプト　エス　ノッホ　カルテン　フューア　ホイテ

191. いいえ，全部売り切れです。　　**Nein, es ist ausverkauft.**
　　ナイン　エス　イスト　アオスフェアカオフト

192. 明日の切符はまだありますか？　　**Gibt es noch Karten für morgen?**
　　ギプト　エス　ノッホ　カルテン　フューア　モルゲン

193. はい，1階と3階にあります。　　**Ja, im Parkett und im zweiten Rang.**
　　ヤー　イム　パルケット　ウント　イム　ツヴァイテン　ラング

194. いい席がほしいんです。　　**Ich möchte einen guten Platz.**
　　イッヒ　メヒテ　アイネン　グーテン　プラッツ

195.	どこで会いましょうか？	**Wo treffen wir uns？** ヴォー　トゥレッフェン　ヴィーア　ウンス
196.	6時に駅で	**Um sechs Uhr am Bahnhof.** ウム　ゼックス　ウーア　アム　バーンホフ
197.	ああ，それはいい考えですね。	**Schön, das ist eine gute Idee.** シェーン　ダス　イスト　アイネ　グーテ　イデー
198.	またお会いしたいです。	**Ich möchte Sie gern wieder sehen.** イッヒ　メヒテ　ズィー　ゲルン　ヴィーダー　ゼーエン
199.	いつがいいですか？	**Wann passt es Ihnen？** ヴァン　パスト　エス　イーネン
200.	日曜日ならどう？	**Vielleicht am Sonntag？** フィーライヒト　アム　ゾンターク
201.	それが……，ダメなんです。	**Tut mir leid, ich kann nicht.** トゥート　ミーア　ライト　イッヒ　カン　ニヒト
202.	なぜダメなの？	**Warum nicht？** ヴァルム　ニヒト
203.	先約があります。	**Ich habe eine Verabredung.** イッヒ　ハーベ　アイネ　フェアアブレードゥング
204.	そいつは残念。	**Das ist schade.** ダス　イスト　シャーデ
205.	土曜日はどうです？	**Passt es am Sonnabend？** パスト　エス　アム　ゾンアーベント
206.	いいですとも，喜んで。	**Gewiss, mit Vergnügen.** ゲヴィス　ミット　フェアグニューゲン

207.	オペラの券があるんですが。	**Ich habe Karten für die Oper.**
208.	1階，10列目です。	**Parkett, zehnte Reihe.**
209.	それはすばらしい。	**Wunderbar.**
210.	家まで送らせていただけますか？	**Darf ich Sie nach Hause bringen？**
211.	おとといは無事に家につきましたか？	**Sind Sie vorgestern gut nach Hause gekommen？**
212.	ええ，でも二日酔いでした。	**Ja, ich hatte allerdings einen Kater.**

☆ドイツ語の数 (1) 1-8

0	null ヌル		
1	eins アインス	11	elf エルフ
2	zwei ツヴァイ	12	zwölf ツヴェルフ
3	drei ドゥライ	13	dreizehn ドゥライツェーン
4	vier フィーア	14	vierzehn フィアツェーン
5	fünf フュンフ	15	fünfzehn フュンフツェーン
6	sechs ゼックス	16	sechzehn ゼヒツェーン
7	sieben ズィーベン	17	siebzehn ズィープツェーン
8	acht アハト	18	achtzehn アハツェーン
9	neun ノイン	19	neunzehn ノインツェーン
10	zehn ツェーン	20	zwanzig ツヴァンツィヒ

21 einundzwanzig アインウントツヴァンツィヒ
22 zweiundzwanzig ツヴァイウントツヴァンツィヒ
23 dreiundzwanzig ドゥライウントツヴァンツィヒ
24 vierundzwanzig フィアウントツヴァンツィヒ
25 fünfundzwanzig フュンフウントツヴァンツィヒ

26	sechsundzwanzig	ゼックスウントツヴァンツィヒ
27	siebenundzwanzig	ズィーベンウントツヴァンツィヒ
28	achtundzwanzig	アハトウントツヴァンツィヒ
29	neunundzwanzig	ノインウントツヴァンツィヒ
30	dreißig	ドゥライスィヒ
31	einunddreißig	アインウントドゥライスィヒ
32	zweiunddreißig	ツヴァイウントドゥライスィヒ

・・・・・・・・・・・・・・・・・・・・・・・・・・・・・・・・

40	vierzig / フィアツィヒ		**70**	siebzig / ズィープツィヒ	
50	fünfzig / フュンフツィヒ		**80**	achtzig / アハツィヒ	
60	sechzig / ゼヒツィヒ		**90**	neunzig / ノインツィヒ	

100	[ein] hundert	『アイン』フンデルト
101	hunderteins	フンデルトアインス
365	dreihundertfünfundsechzig	ドゥライフンデルトフュンフウントゼヒツィヒ
1 000	[ein] tausend	『アイン』タオゼント
10 000	zehntausend	ツェーンタオゼント
100 000	hunderttausend	フンデルトタオゼント

1 000 000　　eine Million（百万）
　　　　　　　アイネ　ミリオーン
1 000 000 000 000　eine Billion（一兆）
　　　　　　　　　　アイネ　ビリオーン
1989　　tausendneunhundertneunundachtzig（数）
　　　　タオゼントノインフンデルトノインウントアハツィヒ
1989年　neunzehnhundertneunundachtzig（年号）
　　　　ノインツェーンフンデルトノインウントアハツィヒ
2006　　zweitausendsechs（数）
　　　　ツヴァイタウゼントセックス
2006年　zweitausendsechs（年号）
　　　　ツヴァイタウゼントセックス

➡ 21世紀は，数と年号の呼び方が一致する。

ドイツ語の数の注意点

① 2桁の数（21～99）は，まず1の位を言ってから10の位を言う。
　例：23は「3 と 20」= dreiundzwanzig と言う。
② 日本語と違って，万の位がないので，1万は10千（zehntausend），
　10万は100千（hunderttausend）となる。
これらの相違点に早く慣れることがたいせつです。

6

買い物の決まり文句

213. いらっしゃいませ。　　**Womit kann ich dienen？**
ヴォミット　カン　イッヒ　ディーネン

➡ Was kann ich für Sie tun？〔ヴァス・カン・イッヒ・フューア・ズィー・トゥン〕でも同じです。「いらしゃいませ」の表現には，この他 Bitte schön？〔ビッテ・シェーン〕，Was wünschen Sie bitte？〔ヴァス・ヴュンシェン・ズィー・ビッテ〕，Was möchten Sie bitte？〔ヴァス・メヒテン・ズィー・ビッテ〕Was darf es sein？〔ヴァス・ダルフ・エス・ザイン〕などなどがありますが，これらはもともと「何にいたしましょうか」という意味です。

214. 封筒を下さい。　　**Ich möchte Briefumschläge.**
イッヒ　メヒテ　　ブリーフウムシュレーゲ

215. 絵はがきはおいてありますか？　　**Haben Sie Ansichtskarten？**
ハーベン　ズィー　アンジヒツカルテン

216. 何にいたしますか？　　**Was möchten Sie bitte？**
ヴァス　メヒテン　ズィー　ビッテ

217. 牛乳1リットル下さい。　　**Ich möchte einen Liter**
イッヒ　メヒテ　　アイネン　リッター
Milch bitte.
ミルヒ　ビッテ

218. バターを半ポンド(250g)下さい。　　**Ich möchte ein halbes**
イッヒ　メヒテ　　アイン　ハルベス
Pfund Butter.
プフント　ブッター

219.	リンゴを1キロ下さい。	**Ich möchte ein Kilo Äpfel.** イッヒ メヒテ アイン キロ エプフェル
220.	ブレーチェン6個ほしいのですが。	**Ich möchte sechs Brötchen.** イッヒ メヒテ ゼックス ブレートヒェン
221.	ほかに何かお望みの物がありますか？	**Haben Sie sonst noch Wünsche？** ハーベン ズィー ゾンスト ノッホ ヴュンシェ

➡ かんたんに Sonst noch etwas?〔ゾンスト・ノッホ・エトヴァス〕でも同じです。

222.	ほかにバウエルンブロートを下さい。	**Ich brauche noch ein Bauernbrot.** イッヒ ブラオヘ ノッホ アイン バオエルンブロート
223.	ほかに何かお求めですか？	**Außerdem noch etwas？** アオサーデム ノッホ エトヴァス
224.	いいえ，これで全部です。	**Nein danke, das ist alles.** ナイン ダンケ ダス イスト アレス
225.	レジでお支払い下さい。	**Zahlen Sie bitte an der Kasse.** ツァーレン ズィー ビッテ アン デア カッセ
226.	子供服売り場はどちらですか？	**Wo finde ich Kinderkleidung？** ヴォー フィンデ イッヒ キンダークライドゥング
227.	地階です。	**Im Tiefparterre.** イム ティーフパルテル
228.	この指輪を見せて下さい。	**Zeigen Sie mir bitte diesen Ring.** ツァイゲン ズィー ミーア ビッテ ディーゼン リング

買い物の決まり文句

229. このスカートを試着したいのですが。
Ich möchte diesen Rock anprobieren.
イッヒ メヒテ ディーゼン ロック アンプロビーレン

230. ここに試着室があります。
Hier ist die Umkleidekabine.
ヒーア イスト ディ ウムクライデカビーネ

231. このスカートは大きすぎます。
Der Rock ist zu groß.
デア ロック イスト ツー グロース

232. このコートはどうでしょうか？
Wie gefällt Ihnen dieser Mantel？
ヴィー ゲフェルト イーネン ディーザー マンテル

233. とてもいいんですが，長めですね。
Sehr gut, aber etwas lang.
ゼーア グート アーバー エトヴァス ラング

234. このブラウスはきつすぎます。
Die Bluse ist zu eng.
ディ ブルーゼ イスト ツー エング

235. このズボンは短すぎます。
Die Hose ist zu kurz.
ディ ホーゼ イスト ツー クルツ

236. このジャケットはピッタリです。
Die Jacke sitzt genau richtig.
ディ ヤッケ ズィッツト ゲナオ リヒティヒ

237. おいくらですか？
Was kostet das？
ヴァス コステット ダス

➡ 値段を聞く表現には，この他 Was macht das？〔ヴァス・マハト・ダス〕, Wie teuer ist das？〔ヴィー・トイヤー・イスト・ダス〕, Wieviel macht das？〔ヴィー・フィール・マハト・ダス〕などがあります。

238.	私には高すぎる。	**Das ist mir zu teuer.** ダス　イスト　ミーア　ツ―　トイヤー
239.	気に入ったから，これにします。	**Das gefällt mir, das nehme ich.** ダス　ゲフェルト　ミーア　ダス　ネーメ　イッヒ
240.	このセーター，別の色のがありますか？	**Haben Sie den Pullover in einer anderen Farbe？** ハーベン　ズィー　デン　プルオーヴァー　イン　アイナー　アンデレン　ファルベ
241.	大きさはどのくらい？	**Welche Größe brauchen Sie ？** ヴェルヒェ　グレーセ　ブラオヘン　ズィー
242.	38（日本11）です。	**Ich trage achtunddreißig.** イッヒ　トゥラーゲ　アハトウントドゥライスィヒ
243.	大きさ37の靴ありますか？	**Haben Sie den Schuh in Größe siebenunddreißig？** ハーベン　ズィー　デン　シュー　イン　グレーセ　ズィーベウントドゥライスィヒ
244.	これ取り替えてもらえますか？	**Kann ich das umtauschen？** カン　イッヒ　ダス　ウムタオシェン
245.	はい，でも領収証が必要です。	**Ja, aber nur mit der Quittung.** ヤー　アーバー　ヌア　ミット　デァ　クヴィットゥング
246.	これは値引品です。	**Das ist herabgesetzte Ware.** ダス　イスト　ヘラプゲゼッツテ　ヴァーレ
247.	値引品はお取り替えできません。	**Die kann man nicht umtauschen.** ディー　カン　マン　ニヒト　ウムタオシェン

買い物の決まり文句

248. 夏物一掃大売出しはすごく安いです。
Im Sommerschlussverkauf ist alles sehr billig.
イム ゾンマーシュルッスフェアカオフ イスト アレス ゼーア ビリッヒ

249. 冬物一掃大売出しは１月です。
Der Winterschlussverkauf ist im Januar.
デア ヴィンターシュルッスフェアカオフ イスト イム ヤヌアール

250. このカメラのことで苦情があります。
Ich möchte diesen Photoapparat reklamieren.
イッヒ メヒテ ディーゼン フォトアパラート レクラミーレン

251. フラッシュが作動しません。
Das Blitzlicht funktioniert nicht.
ダス ブリッツリヒト フンクツィオニールト ニヒト

252. これが保証書です。
Hier ist der Garantieschein.
ヒーア イスト デア ガランティーシャイン

253. カメラを送らなければならないので少し時間がかかります。
Ich muss den Apparat einschicken, es dauert etwas.
イッヒ ムス デン アパラート アインシッケン エス ダオエルト エトヴァス

254. カーネーション、おいくらですか？
Was kosten die Nelken？
ヴァス コステン ディ ネルケン

➡ １本の値段を聞くときは、Was kostet eine Nelke？〔ヴァス・コステット・アイネ・ネルケ〕となります。

255.	白いのは，1本1ユーロ50です。	**Die weißen, das Stück ein Euro fünfzig.** ディ　ヴァイセン　ダス　シュテュック　アイン　オイロ　フュンフツィヒ
256.	赤は1ユーロです。	**Die roten, ein Euro.** ディ　ローテン　アイン　オイロ
257.	赤いのを下さい。	**Ich nehme die roten bitte.** イッヒ　ネーメ　ディ　ローテン　ビッテ
258.	何本にしますか？	**Wie viele möchten Sie?** ヴィー　フィーレ　メヒテン　ズィー
259.	7本たのみます。	**Sieben Stück, bitte.** ズィーベン　シュテュック　ビッテ

➡ 花束は奇数本が原則ですが，7本以上なら，偶数でもかまいません。

260.	7ユーロです。	**Das macht sieben Euro.** ダス　マハト　ズィーベン　オイロ
261.	黄色のチューリップと青のフリージアを下さい。	**Ich möchte gelbe Tulpen und blaue Freesien, bitte.** イッヒ　メヒテ　ゲルベ　トゥルペン　ウント　ブラオエ　フレージェン　ビッテ
262.	大きなピンクのツツジを1本お願いします。	**Eine große rosa Azalee, bitte.** アイネ　グローセ　ローザ　アツァレー　ビッテ
263.	15ユーロくらいの花束を作って下さい。	**Machen Sie mir bitte einen bunten Strauß für fünfzehn Euro.** マッヘン　ズィー　ミーア　ビッテ　アイネン　ブンテン　シュトラオス　フューア　フュンフツェーン　オイロ

264. セロファンでくるみますか，それとも紙にしますか？
Soll er in Folie oder Papier?
ゾル エア イン フォーリエ オーダー パピーア

265. セロファンにして下さい。
In Folie bitte.
イン フォーリエ ビッテ

266. お宅では「フレーロップ」で花を送ることができますか？
Kann ich hier Blumen durch Fleurop schicken lassen?
カン イッヒ ヒーア ブルーメン ドゥルヒ フレーロップ シッケン ラッセン

➡「フレーロップ」は，花の宅配便をする組織です。

267. ええ，ここに住所を書いて下さい。
Ja, schreiben Sie hier die Adresse.
ヤー シュライベン スィー ヒーア ディ アドレッセ

268. この花束はいつ届きますか？
Wann soll der Strauß ankommen?
ヴァン ゾル デア シュトラオス アンコメン

269. 月曜の午前中です。
Am Montag vormittag.
アム モンターク フォアミッターク

270. 添え書きをいたしますか？
Wollen Sie eine Begleitkarte schreiben?
ヴォレン スィー アイネ ベグライトカルテ シュライベン

271. いいえ，結構です。
Nein, das ist nicht nötig.
ナイン ダス イスト ニヒト ネーティヒ

☆グラムとポンド☆

　ドイツも度量衡の単位は日本と同じメートル法ですが，古い単位のプフント（ポンド）だけは，習慣で今でも使われることが多いです。ドイツの1ポンドは500gです。またKiloはKilogrammのことです。Kilometerは省略せずに，キロメーターと言います。単にキロと言った場合には，Kilogrammのほうを指します。

☆ドイツとパン☆

　ところでドイツのBrot（パン）の種類の多さにはびっくりします。多分その豊富さとおいしさは世界一でしょう。特に黒パン（黒っぽい感じのパンの総称）は有名です。Brötchenはぱりぱりした丸い小型のパンで，主として朝食用です。Semmelとも言います。朝7時になるとパン屋さんの店先は焼き立てのブレーチェンを買う人でにぎわいます。主食として食べる黒パンは，Bauernbrot, Pumpernickel, Vollkornbrotなどがありますが，いずれもライ麦の含有量の差によって黒さとやわらかさに違いがあります。プンパーニッケルはもっとも黒いライ麦パンで角型をしています。

☆サイズ比較―日本とドイツの違い―

　ドイツで靴や洋服などを買う場合，サイズ表示が日本と違いますので，参考のために簡単な比較一覧表を掲げておきます。

女性用	セーター ブラウス 洋服	日　本	7	9	11	13	15	
		ドイツ	34	36	38	40	42	
	靴	日　本	22	22.5	23	23.5	24	24.5
		ドイツ	34	35(4)	36	37(5)	38(5)	38～39

　日本女性はドイツの女性に比べて体格が小柄なので，靴なども自然と小型なものをさがす必要がありますが，22以下のサイズをさがすのはたいへんです。逆もまた同じで，ドイツ人のふつうのサイズは24以上なので日本で靴を買う場合には苦労します。（　）内の数字は最近併用されるようになったものです。

男性用	洋服	日　本	S	M	L	靴	26	27
		ドイツ	44　46	48　50	52　54		42	44

　靴のサイズ表示は女性と同じです。ただしメーカーによって大きさが微妙に違いますので，実地に試したうえで買うことです。ワイシャツは日本と同じで首周りのcmで表示します。40の人は40を買えばいいのですが，袖たけはどうしても，日本のものよりは長めになってしまいます。

7 飲食店での決まり文句

272. こんばんは，テーブル空いてますか？
Guten Abend, haben Sie einen Tisch frei?
グーテン　アーベント　ハーベン　ズィー
アイネン　ティッシュ　フライ

➡ デパートの食堂や，マクドナルドなどでは，空いている席を自分でさがして座ります。

273. 何人様ですか？
Für wieviele Personen?
フューア ヴィーフィーレ　ペルゾーネン

274. 4人です。
Für vier bitte.
フューア フィーア ビッテ

275. こんにちは，席二つ空いてますか？
Guten Tag, haben Sie einen Tisch für zwei?
グーテン　タ-ク　ハーベン　ズィー　アイネン
ティッシュ　フューア　ツヴァイ

276. はい，あそこの隅にあります。
Ja, dort in der Ecke.
ヤー　ドルト　イン　デア　エッケ

277. 座りましょう。
Setzen wir uns!
ゼッツェン　ヴィーア　ウンス

278. ボーイさん，メニューをお願い。
Herr Ober, die Speisekarte bitte.
ヘア　オーバー　ディ　シュパイゼカルテ
ビッテ

飲食店での決まり文句

279. フロイライン，メニュー，お願い。
Fräulein, die Speisekarte bitte.
フロイライン　ディ　シュパイゼカルテ　ビッテ

➡ 給仕人が男性の場合は Herr Ober〔ヘア・オーバー〕，女性の場合は Fräulein〔フロイライン〕と呼びかけます。

280. すぐにまいります。
Ich komme sofort.
イッヒ　コメ　ソフォルト

281. おすすめものは何でか？
Was können Sie empfehlen?
ヴァス　ケネン　ズィー　エムプフェーレン

282. ここの特製料理は何ですか？
Was ist die Spezialität des Hauses?
ヴァス　イスト　ディ　シュペツィアリテート　デス　ハオゼス

283. 特別おすすめ料理はグーラシュです。
Ganz besonders zu empfehlen ist das Gulasch.
ガンツ　ベゾンデルス　ツー　エムプフェーレン　イスト　ダス　グーラシュ

➡ グーラシュ（シチュー）はもともとハンガリー料理ですが，今はすっかりドイツに定着しています。

284. ご注文をうけたまわります。
Möchten Sie bestellen?
メヒテン　ズィー　ベシュテレン

285. グーラシュと巻き肉をお願いします。
Wir möchten das Gulasch und Rouladen.
ヴィーア　メヒテン　ダス　グーラシュ　ウント　ルーラーデン

286. 皆さん，お食事には何をお飲みになりますか？
Was trinken die Herrschaften zum Essen?
ヴァス　トゥリンケン　ディ　ヘルシャフテン　ツム　エッセン

287. 辛口のワインを頼みます。　**Einen trockenen Wein bitte.**
アイネン　トゥロッケネン　ヴァイン　ビッテ

288. お待ち遠さま，ごゆっくりどうぞ。　**So bitte sehr. Guten Appetit!**
ゾー　ビッテ　ゼーア　グーテン
アペティート

289. ご健康を祝して。　**Sehr zum Wohl!**
ゼーア　ツム　ヴォール

290. 乾杯！　**Wohlsein!**
ヴォールザイン

291. プロージット！　**Prosit!**
プロージット

➡ もともとラテン語で,「ためになるように」という意味です。

292. プロースト！　**Prost!**
プロースト

➡ プロージットのくだけた言い方で,意味は同じです。このほかZum Wohl!〔ツーム・ヴォール〕も加えて, 289, 290, 291, 292, はいずれも乾杯のときに声に出すことばです。

293. このワインは実にうまい。　**Der Wein ist aber gut.**
デア　ヴァイン　イスト　アーバー　グート

➡ この場合のaber〔アーバー〕は「しかし」ではなく「実に」の意味です。強めのaber。

294. ボーイさん，お勘定お願いします。　**Herr Ober, die Rechnung bitte.**
ヘア　オーバー　ディ　レヒヌング　ビッテ

295. 会計お願いします。　**Ich möchte zahlen.**
イッヒ　メヒテ　ツァーレン

飲食店での決まり文句

296. お勘定して。　　　　**Zahlen bitte!**
　　　　　　　　　　　　ツァーレン　ビッテ

　➡ Zahlen Sie bitte![ツァーレン・ズィー・ビッテ]（あなた支払って下さい）とまちがえて言わないこと。

297. 味はどうでした？　　**Hat es geschmeckt?**
　　　　　　　　　　　　ハット エス ゲシュメックト

298. うん、よかったよ。　**Danke, es war ausgezeichnet.**
　　　　　　　　　　　　ダンケ　エス ヴァール アオスゲツァイヒネット

299. これ少しばかり　　　**Das ist für Sie.**
　　　　　　　　　　　　ダス イスト フア ズィー

300. つりはとっといて。　**Der Rest ist für Sie.**
　　　　　　　　　　　　デア レスト イスト フア ズィー

301. おつりはいいよ。　　**Stimmt so.**
　　　　　　　　　　　　シュティムト　ゾー

　➡ 299, 300, 301, はいずれもチップをあげる時の表現です。

302. これはどうも。　　　**Danke sehr.**
　　　　　　　　　　　　ダンケ　ゼーア

303. 日本食をおごるよ、「ヤキ」に行こう。　**Darf ich dich**
　　　　　　　　　　　　ダルフ イッヒ ディッヒ
　　　　　　　　　　　　zum japanischen Essen ins
　　　　　　　　　　　　ツーム ヤパーニッシェン　エッセン インス
　　　　　　　　　　　　YAKI einladen?
　　　　　　　　　　　　ヤキ　アインラーデン

304. そりゃ、うれしいね。　**Das ist aber nett von dir.**
　　　　　　　　　　　　ダス イスト アーバー ネット フォン ディーア

　➡ 親しい間柄（1人）の場合です。敬称の場合には、nett von Ihnen[ネット・フォン・イーネン]となります。

305.	何にしますか？	**Was darf ich bringen？** ヴァス　ダルフ　イッヒ　ブリンゲン
306.	焼ソバに焼きイカ。	**Yakisoba und Yakiika, bitte.** ヤキソバ　　ウント　ヤキイカ　　ビッテ
307.	お飲物は何にいたしましょうか？	**Was möchten Sie trinken？** ヴァス　メヒテン　　ズィー　トゥリンケン
308.	酒, ビール, リンゴジュースそれとも水にしますか？	**Sake, Bier, Apfelsaft oder** サケ　　ビーア　アプフェルザフト　オーダー **Mineralwasser？** ミネラルヴァッサー
309.	ビールにして。	**Bier bitte.** ビーア　ビッテ
310.	じゃあ, 食べよう。 （＝いただきます）	**Guten Appetit！** グーテン　　アペティート
311.	いただきます。	**Gleichfalls！** グライヒファルス

➡ 310. は食事の時のきまり文句です。次に言う者は, これを繰り返してもよいが, 別に 311.（ご同様にの意）を使うこともできます。

312.	試してごらん, これうまいよ。	**Probier mal, das schmeckt** プロビーア　マル　　ダス　シュメックト **gut.** グート
313.	うん, うまいね。	**Ja, das ist gut.** ヤー　ダス　イスト　グート
314.	お勘定, お願い。	**Die Rechnung bitte！** ディ　レヒヌング　　ビッテ

飲食店での決まり文句

| 315. | 会計はごいっしょですか，別々ですか？ | **Zusammen oder getrennt？**
ツザメン　　オーダー　ゲトレント |

316. 全部いっしょにして下さい。　**Alles zusammen bitte.**
　　　　　　　　　　　　　アレス　ツザメン　　　ビッテ

317. 喫茶店（ケーキ店）に行こう。　**Lasst uns in die Konditorei gehen！**
　　　　　　　　　　　　　ラスト　ウンス　イン　ディ　コンディトライ　ゲーエン

318. 桜んぼケーキに生クリームをつけたのを一つお願い。　**Ich möchte bitte ein Stück Kirschtorte mit Sahne.**
　イッヒ　メヒテ　　ビッテ　　アイン　シュテュック　キルシュトルテ　　ミット　ザーネ

319. コーヒーを下さい。　**Ich möchte bitte Kaffee.**
　　　　　　　　　イッヒ　メヒテ　　ビッテ　　カッフェー

320. ポットで，それともカップにします？　**Kännchen oder Tasse？**
　　　　　　　　　　　　　ケンヒェン　　オーダー　タッセ

321. ポットで頼みます。　**Ein Kännchen bitte.**
　　　　　　　　　アイン　ケンヒェン　　ビッテ

➡ Kännchen〔ケンヒェン〕（ポット）はだいたいカップ2杯分です。

322. 僕にはファリゼーアを下さい。　**Für mich einen Pharisäer.**
　　　　　　　　　　　　フューア　ミッヒ　アイネン　ファリゼーア

➡ ファリゼーア（パリサイ人）はコニャックをすこし入れたコーヒーの呼び名です。

☆動物の鳴き声☆

　ドイツでは、羊は mäh（メー）とウムラウトで鳴きます。擬音や擬声のことを Onomatopöie（オノマトペイー）と言いますが、同じ動物でも聞こえ方はドイツと日本では微妙に違います。以下に身近な動物たちのオノマトペイーを挙げてみましょう。

　　　にわとり … kikeriki（キケリキー）⇔ コケコッコー
　　　牛 ………… muh（ムー）⇔ モー
　　　馬 ………… hüüü —（ヒュユー）⇔ ヒヒヒーン
　　　ろば ……… iah —（イーアー）⇔（日本では未定）
　　　犬 ………… wau wau（ヴァオ ヴァオ）⇔ ワンワン
　　　猫 ………… miau miau（ミャオミャオ）⇔ ニャオ ニャオ
　　　あひる …… quackquack（クヴァックヴァック）⇔ ガーガー
　　　からす …… krakra（クラークラー）⇔ カーカー
　　　かっこう … kuckkuck（ククック）⇔ カッコー

　その他、動物ではありませんが、ドイツでよく耳にするオノマトペイーには、例えば次のようなものがあります。

　　　SL（蒸気機関車）…schufaschufa（シュファシュファ）⇔シュッポシュッポ
　　　パトカー、救急車のサイレン…tatütata（タチュタター）⇔ピーポーピーポー
　　　クシャミ … hatschi（ハッチ）⇔ ハックション

　それから、「静かに！」という時に、日本では（シッー）といいますが、ドイツでは唇の前に人差指をあてて、Pst!（プスー）といいます。

　一般にドイツ人は静かな生活を送っていますので、電車のアナウンス、拡声器の物売りの声、選挙の連呼など日常の騒音・うるささに慣れっこになっている日本人と異なり、音に関しては非常に敏感です。集合住宅などでは、深夜の風呂やシャワーは音が響くので遠慮するのがふつうですし、夜遅く帰宅した時には、共用階段を忍び足でソーッと登ります。

　今や日本の時代劇映画もドイツの TV で上映される時代になりましたが、蝉しぐれのシーンでミーンミーンという鳴き声が雑音とみなされ消去されたという話もあります。

8 家庭生活の決まり文句

323. 住まいをご覧にいれます。　**Ich zeige Ihnen die Wohnung.**
イッヒ ツァイゲ イーネン ディ ヴォーヌング

324. 入って左側のこれが洋服・帽子掛けです。　**Hier links im Flur ist die Garderobe.**
ヒーア リンクス イム フルーア イスト ディ ガルデローベ

325. この右側のドアを開けると台所です。　**Diese Tür rechts geht in die Küche.**
ディーゼ テューア レヒツ ゲート イン ディ キューへ

326. レンジは電気です。　**Der Herd ist elektrisch.**
デア ヘルト イスト エレクトリッシュ

➡ 日本はガスレンジがほとんどですが，ドイツは電気レンジが主流です。電子レンジのことは Mikrowellengerät〔ミクロヴェレン・ゲレート〕と言います。

327. 加熱板は加熱に時間がかかりますが，切った後冷めるのもゆっくりです。　**Die Heizplatte wird nur langsam heiß, aber kühlt nach dem Abschalten auch nur langsam ab.**
ディ ハイツプラッテ ヴィルト ヌア ラングザーム ハイス アーバー キュールト ナッハ デム アプシャルテン アオホ ヌア ラングザーム アプ

328. オーブンにはグリルもついてます。

Der Backofen hat auch einen Grill.
デア バックオーフェン ハット アオホ アイネン グリル

329. なべとフライパンはこの下の戸だなにあります。

Die Töpfe und die Bratpfanne stehen hier unten im Schrank.
ディ テプフェ ウント ディ ブラートプファンネ シュテーエン ヒア ウンテン イム シュランク

330. 食事用具一式は引き出しの中です。

Die Bestecke sind in der Schublade.
ディ ベシュテッケ ズィント イン デア シューブラーデ

331. これは流しです。その下に自動皿洗い機があります。

Dies ist die Abwäsche und darunter die Geschirrspülmaschine.
ディース イスト ディ アブヴェッシェ ウント ダルンター ディ ゲシルシュピュールマシーネ

332. お皿とカップ類はつりだなの中です。

Teller und Tassen finden Sie im Hängeschrank.
テラー ウント タッセン フィンデン ズィー イム ヘンゲシュランク

333. これは掃除道具入れ場, 電気掃除機が入っています。

Dies ist der Besenschrank mit dem Staubsauger.
ディース イスト デア ベーゼンシュランク ミット デム シュタオプザオガー

334. 台所が非常にきれいですね。

Die Küche ist aber sauber.
ディ キューヘ イスト アーバー ザオバー

➡ aber は強めです。

335. ええ，台所はドイツの主婦の誇りです（から）。
Ja, die Küche ist der Stolz der deutschen Hausfrau.
ヤー ディ キューヘ イスト デア シュトルツ テア ドイチェン ハオスフラオ

336. 次のドアはバスルームです。
Die nächste Tür geht ins Bad.
ディ ネヒステ テューア ゲート インス バート

337. ドイツでは，トイレはたいていバスルームの中にあります。
In Deutschland ist die Toilette oft im Badezimmer.
イン ドイッチュラント イスト ディ トワレッテ オフト イム バーデツィンマー

338. このバスルームは非常に小さいです。
Dieses Badezimmer ist sehr klein.
ディーゼス バーデツィンマー イスト ゼーア クライン

339. 洗濯機は全自動です。
Die Waschmaschine ist vollautomatisch.
ディ ヴァッシュマシーネ イスト フォルアオトマーティッシュ

➡ ドイツの洗濯機は回転ドラム式です。

340. 洗濯は湯洗いのみです。
Man wäscht nur mit warmem Wasser.
マン ヴェッシュト ヌア ミット ヴァルメム ヴァッサー

➡ 水で洗わずに湯で洗うのは，水が硬水のためと，衛生上の理由からです。ドイツ人が日本に来て受けるカルチャーショックの一つは，日本人がオムツやパンツなども水で洗っていることです。

341. 熱湯洗い，色物洗い，絹・化繊洗いそれにウールのための特別洗いがあります。
Es gibt Kochwäsche(95°C), Buntwäsche, Feinwäsche
エス ギプト コッホヴェッシェ ブントヴェッシェ ファインヴェッシェ

　　　　　　　　　　　　　　(30℃) und einen
　　　　　　　　　　　　　　　　　　　ウント　アイネン
　　　　　　　　　　　　　　Schonwaschgang für Wolle.
　　　　　　　　　　　　　　ショーンヴァッシュガング　　　フュア　ヴォレ

342. 色物は40度で洗います。　Buntwäsche wäscht man
　　　　　　　　　　　　　　ブントヴェッシェ　　ヴェッシュト　マン
　　　　　　　　　　　　　　nur mit 40℃
　　　　　　　　　　　　　　ヌア　　ミット　フィアツィヒグラート

343. 全温度洗剤はどの温度に　Ein Vollwaschmittel
　　　も向いていてとても便利　アイン　フォルヴァッシュミッテル
　　　です。　　　　　　　　　ist sehr praktisch für jede
　　　　　　　　　　　　　　イスト　ゼーア　プラクティッシュ　フュア　イェーデ
　　　　　　　　　　　　　　Temperatur.
　　　　　　　　　　　　　　テンパラトゥーア

344. ドイツの水は硬水です。　Das Wasser in Deutschland
　　　　　　　　　　　　　　ダス　　ヴァッサー　　イン　ドイッチュラント
　　　　　　　　　　　　　　ist hart.
　　　　　　　　　　　　　　イスト　ハルト

345. だから最後のすすぎにソ　Deshalb gibt man einen
　　　フターを入れます。　　デスハルプ　　ギプト　マン　　アイネン
　　　　　　　　　　　　　　Weichspüler in das letzte
　　　　　　　　　　　　　　ヴァイヒシュピューラー　イン　ダス　　レッツテ
　　　　　　　　　　　　　　Spülwasser.
　　　　　　　　　　　　　　シュピュールヴァッサー

　➡ Das Wasser in Japan ist weich.〔ダス・ヴァッサー・イン・ヤーパン・
　　イスト・ヴァイヒ〕（日本の水は軟水です）

346. 集合住宅には，よく洗濯　In Etagenhäusern gibt es
　　　室や乾燥室があります。　イン　エタージェンホイゼルン　　ギプト　エス
　　　　　　　　　　　　　　oft eine Waschküche und
　　　　　　　　　　　　　　オフト　アイネ　ヴァッシュキューヒェ　ウント
　　　　　　　　　　　　　　einen Trockenkeller.
　　　　　　　　　　　　　　アイネン　　トゥロッケンケラー

347. バルコニーで洗濯物を干すのは，多くの場合禁止されています。

Es ist oft verboten, die Wäsche
エス イスト オフト フェアボーテン ディ ヴェッシェ
auf dem Balkon zu trocknen.
アオフ デム バルコン ツー トゥロックネン

➡ これは美観をたもつためです。

348. 乾燥機は洗濯機の上についています。

Der Wäschetrockner ist
デア ヴェッシュトゥロックナー イスト
über der Waschmaschine.
ユーバー デア ヴァッシュマシーネ

349. これが取り扱い説明書です。

Hier ist die
ヒア イスト ディ
Bedienungsanleitung.
ベディーヌングスアンライトゥング

350. ドイツの電圧は，220ヴォルトです。

Die Spannung
ディ シュパヌング
in Deutschland ist
イン ドイッチュラント イスト
zweihundertzwanzig Volt.
ツヴァイフンデルトツヴァンツィヒ ヴォルト

351. トランスなしには日本の電気器具は使えません。

Ohne Transformator
オーネ トゥランスフォルマートア
kann man japanische
カン マン ヤパーニッシェ
Geräte nicht benutzen.
ゲレーテ ニヒト ベヌッツェン

352. これが居間です。

Hier ist das Wohnzimmer.
ヒア イスト ダス ヴォーンツィンマー

353. 右側のドアはバルコニーに通じます。

Die Tür rechts geht auf den
ディ テューア レヒツ ゲート アオフ デン
Balkon.
バルコン

354. ここにはセントラルヒーティング用のサーモスタットもあります。

Hier ist auch der Thermostat für die Zentralheizung.

355. このソファーは引き出して客用ベッドとして使うことができます。

Dieses Sofa kann man ausziehen und als Gästebett benutzen.

356. この住まいにはテレビがありません。

Diese Wohnung hat keinen Fernseher.

➡ ドイツには主義としてテレビなぞ見ないという人たちがいます。

357. テレビがある場合には、受信料を払わなければなりません。

Wenn Sie einen Fernsehapparat besitzen, müssen Sie Fernsehgebühren zahlen.

358. 寝室は東向きです

Das Schlafzimmer geht nach Osten.

359. 洋服ダンスは大きくないけど、ダブルベッドのマットレスはとてもいいです。

Der Kleiderschrank ist nicht groß, aber das Doppelbett hat eine sehr gute Matratze.
デア クライダーシュランク イスト ニヒト グロース アーバー ダス ドッペルベット ハット アイネ ゼーア グーテ マトラッツェ

360. １か月に１度、共用階段の清掃当番があります。

Einmal im Monat müssen Sie das Treppenhaus reinigen.
アインマル イム モーナート ミュッセン ズィー ダス トゥレッペンハオス ライニゲン

361. 居住者は全員その当番に当たります。

Jeder Mieter dieses Hauses beteiligt sich daran.
イェーダー ミーター ディーゼス ハオゼス ベタイリクト ズィッヒ ダラン

➡ アパートなどの集合住宅では、雪かきなどの当番もあります。

362. １年に１度、煙突掃除人も来て、煙突と暖房器具の検査をします。

Einmal im Jahr kommt auch der Schornsteinfeger und kontrolliert die Schornsteine und die Heizungen.
アインマル イム ヤール コムト アオホ デア ショルンシュタインフェーガー ウント コントロリールト ディ ショルンシュタイネ ウント ディ ハイツンゲン

9 交通機関の決まり文句

Ⅰ．列車の決まり文句

363. ブレーメンまで，片道，1枚お願いします。
Einmal einfach nach Bremen bitte.
アインマル　アインファッハ　ナッハ　ブレーメン　ビッテ

364. ゾルタオまで，2等，1枚。
Einmal zweiter Klasse nach Soltau bitte.
アインマル　ツヴァイター　クラッセ　ナッハ　ゾルタオ　ビッテ

365. リューベックまで1等で往復2枚。
Zweimal erster Klasse nach Lübeck, hin und zurück.
ツヴァイマル　エールスター　クラッセ　ナッハ　リューベック　ヒン　ウント　ツーリュック

➡ 1等車がグリーン車，2等車が普通車にあたります。

366. 子供1枚，大人2枚。
Ein Kind, zwei Erwachsene.
アイン　キント　ツヴァイ　エアヴァクセネ

367. インターシティーの座席指定券，マンハイムまで3枚。
Drei Platzkarten für den Intercity nach Mannheim.
ドゥライ　プラッツカルテン　フュア　デン　インターセティー　ナッハ　マンハイム

交通機関の決まり文句

368. 禁煙車(席)にして下さい。
Nichtraucher bitte！
ニヒトラオハー　　　ビッテ

369. 大部屋車両，それとも車室にしますか？
Großraumwagen oder
グロースラオムヴァーゲン　　オーダー
Abteil？
アプタイル

370. 車室のほうをお願い。
Abteil bitte.
アプタイル　ビッテ

➡ 1車室は向かい合いで3つずつの6座席からなります。

371. これは急行列車です，急行券が必要です。
Dies ist ein Schnellzug, Sie
ディース　イスト　アイン　シュネルツーク　　ズィー
brauchen Zuschlagkarten.
ブラオヘン　　　ツーシュラークカルテン

372. 23時発のパリ行寝台車，予約（指定）券を2枚頼みます。
Zwei Reservierungen
ツヴァイ　レゼルヴィールンゲン
bitte, für den Schlafwagen
ビッテ　フュア　デン　シュラーフヴァーゲン
nach Paris um 23
ナッハ　パリス　ウム
(dreiundzwanzig) Uhr.
ドゥライウントツヴァンツィヒ　ウーア

373. アーヘン行きの列車は何番線から出ますか？
Von welchem Gleis fährt
フォン　ヴェルヒェム　グライス　フェールト
der Zug nach Aachen？
デア　ツーク　ナッハ　アーヘン

374. 10番線です。
Gleis zehn.
グライス　ツェーン

375. この列車，デュッセルドルフ行きですか？
Ist das der Zug nach
イスト　ダス　デア　ツーク　ナッハ
Düsseldorf？
デュッセルドルフ

376. 違います，トリーアに行きます。
Nein, das ist der Zug nach Trier.
ナイン　ダス　イスト　デァ　ツーク　ナッハ　トゥリーア

377. デュッセルドルフ行きは5番線です。
Nach Düsseldorf vom Gleis fünf.
ナッハ　デュッセルドルフ　フォム　グライス　フュンフ

378. キールへ行きたいんですが，乗り換えはありますか？
Ich möchte nach Kiel, muss ich umsteigen？
イッヒ　メヒテ　ナッハ　キール　ムス　イッヒ　ウムシュタイゲン

379. いいえ，そのまま行けます。
Nein, Sie können durchfahren.
ナイン　ズィー　ケネン　ドゥルヒファーレン

380. この席空いてますか？
Ist dieser Platz frei？
イスト　ディーザー　プラッツ　フライ

381. いいえ，予約席です。
Nein, er ist reserviert.
ナイン　エァ　イスト　レザヴィールト

382. 乗車券を拝見します。
Ihre Fahrkarte bitte！
イーレ　ファールカルテ　ビッテ

383. ヴィースバーデンに行くんですね。
Sie wollen nach Wiesbaden.
ズィー　ヴォレン　ナッハ　ヴィースバーデン

384. マインツで乗り換えです。
In Mainz müssen Sie umsteigen.
イン　マインツ　ミュッセン　ズィー　ウムシュタイゲン

交通機関の決まり文句

385. 12時10分の接続があります。
Dort haben Sie Anschluss um zwölf Uhr zehn.

386. ハンブルクからミュンヘンまでの切符があります。
Ich habe eine Fahrkarte von Hamburg nach München.

387. 途中下車できますか
Kann ich die Fahrt unterbrechen?

388. ええ，全然問題ありません。
Ja, ohne weiteres.

389. ウルム行列車が2番線に入って来ます，ご注意下さい。
Achtung, Achtung, der Zug nach Ulm hat Einfahrt auf Gleis zwei.

390. プラットフォームのふちにご注意。
Vorsicht an der Bahnsteigkante!

391. 乗車願います，ドアを閉めて！ 発車しまーす。
Alles einsteigen, Türen schließen, der Zug fährt ab.

➡ ドイツの鉄道には，自動ドアでないものが，少なくありません。

392. フランクフルト駅終点です，降りて下さーい。

Frankfurt Hauptbahnhof,
フランクフルト　ハオプトバーンホーフ
alles aussteigen, der Zug
アレス　アオスシュタイゲン　デア　ツーク
endet hier.
エンデット　ヒア

➡ alle aussteigen〔アレ・アオスシュタイゲン〕とも言います。

🎧 1-13

Ⅱ．市電，地下鉄，バスの決まり文句

393. 中央駅までの乗車券はいくらですか？

Was kostet eine Fahrt zum
ヴァス　コステット　アイネ　ファールト　ツム
Hauptbahnhof?
ハオプトバーンホーフ

394. 1ユーロ 20 です。

Ein Euro zwanzig.
アイネ　オイロ　ツヴァンツィヒ

➡ 1ユーロ 20 は1ユーロ 20 セントのことです。

395. 回数券を買えば安くなります。

Wenn Sie eine Sammelkarte
ヴェン　ズィー　アイネ　ザンメルカルテ
nehmen, wird es billiger.
ネーメン　ヴィールト　エス　ビリガー

396. ハンブルクには1日券があります。

In Hamburg gibt es eine
イン　ハンブルク　ギプト　エス　アイネ
Tageskarte.
ターゲスカルテ

397. ケルンには日曜日に家族券があります。

In Köln gibt es am Sonntag
イン　ケルン　ギプト　エス　アム　ゾンターク
eine Familienkarte.
アイネ　ファミーリエンカルテ

交通機関の決まり文句

398. 詳しいことは，交通機関の案内所で尋ねてごらんなさい。

Am besten fragen Sie beim Informationsbüro der Verkehrsbetriebe.
アム ベステン フラーゲン ズィー バイム インフォルマツィオーンスビュロー デア フェアケールスベトリーベ

399. 動物園へはどう行ったら，よいでしょうか？

Wie komme ich zum Zoo?
ヴィー コメ イッヒ ツム ツォー

400. 16番線のバスに乗りなさい。

Nehmen Sie den Bus Nr.16 (Nummer sechzehn).
ネーメン ズィー デン ブス ヌンマー ゼヒツェーン

401. 停留所はあそこです。

Die Haltestelle ist dort.
ディ ハルテシュテレ イスト ドルト

➡ Ⓗ が停留所の標識です。

402. 乗車券は運転手さんから買えます。

Fahrkarten bekommen Sie beim Fahrer.
ファールカルテン ベコメン ズィー バイム ファーラー

403. 降りる時，乗車券は見せなくてもいいです。

Beim Aussteigen brauchen Sie die Karte nicht zu zeigen.
バイム アオスシュタイゲン ブラオヘン ズィー ディ カルテ ニヒト ツー ツァイゲン

404. しかし検札はありますよ。

Es gibt aber Kontrollen.
エス ギブト アーバー コントローレン

405. きちんとした切符がないと，罰金を払わなければなりません。

Ohne gültigen Fahrtausweis müssen Sie Strafe zahlen.
オーネ ギュルティゲン ファールトアオスヴァイス ミュッセン ズィー シュトラーフェ ツァーレン

406. 地下鉄の駅は市役所のところです。

Die U-Bahnstation ist am
ディ　ウーバーンシュタツィオーン　イスト　アム
Rathaus.
ラートハオス

407. 乗車券は自動販売機で買うのです。

Fahrkarten gibt es am
ファールカルテン　ギプト　エス　アム
Automaten.
アオトマーテン

408. 乗る前に，自分で切符にパンチを入れなければなりません。

Vor Antritt der Fahrt muss
フォア　アントゥリット　デア　ファールト　ムス
man seine Fahrkarte selbst
マン　ザイネ　ファールカルテ　ゼルプスト
entwerten.
エントヴェルテン

409. 市電に乗りなさい，いちばん速いですよ。

Nehmen Sie die
ネーメン　ズィー　ディ
Straßenbahn, das ist am
シュトラーセンバーン　ダス　イスト　アム
schnellsten.
シュネルステン

1-14

III. タクシーの決まり文句

410. いちばん近いタクシー乗り場はどこですか？

Wo ist der nächste Taxistand?
ヴォ　イスト　デア　ネヒステ　タクシーシュタント

411. すぐそこの角です。

Gleich dort an der Ecke.
グライヒ　ドルト　アン　デア　エッケ

412. ここでは手を挙げて呼ぶこともできます。

Sie können hier auch ein
ズィー　ケネン　ヒア　アオホ　アイン
Taxi winken.
タクシー　ヴィンケン

413. タクシー！ 空港まで速くやって下さい。　　**Hallo, Taxi, ich möchte schnell zum Flughafen.**
ハロー　タクシー　イッヒ　メヒテ　シュネル　ツム　フルークハーフェン

414. わかりました。　　**Wird gemacht.**
ヴィールト　ゲマハト

➡ Jawohl.〔ヤーヴォール〕とも言います。

415. 長くかかりますか？　　**Wird es lange dauern？**
ヴィールト　エス　ランゲ　ダオエルン

416. いいえ，かかっても15分ですよ。　　**Nein, höchstens fünfzehn Minuten.**
ナイン　ヘーヒステンス　フュンフツェーン　ミヌーテン

417. おいくら？　　**Wie viel macht das？**
ヴィー　フィール　マハト　ダス

418. 14ユーロ60。　　**Vierzehn Euro sechzig.**
フィアツェーン　オイロ　ゼヒツィヒ

419. はい15ユーロ，おつりはいいです。　　**Hier, fünfzehn Euro, es ist gut so.**
ヒア　フュンフツェン　オイロ　エス　イスト　グート　ゾー

420. どうも，さよなら。　　**Danke, auf Wiedersehen.**
ダンケ　アオフ　ヴィーダーゼーエン

421. タクシーを呼んでもらえますか？　　**Können Sie mir ein Taxi rufen？**
ケネン　ズィー　ミーア　アイン　タクシー　ルーフェン

422.	ちょっと待って下さい，車はすぐに来ます。	**Einen Moment, der Wagen kommt sofort.** アイネン　モメント　デア　ヴァーゲン　コムト　ゾフォルト
423.	どちらへ？	**Wohin möchten Sie bitte?** ヴォーヒン　メヒテン　ズィー　ビッテ
424.	ウナシュトラーセ430番地。	**Unnastraße vierhundertdreißig.** ウナシュトラーセ　フィアフンデルトドゥライスィヒ
425.	かしこまりました。	**Ja, in Ordnung.** ヤー　イン　オルドゥヌング
426.	そんなに速く走らないで。	**Nicht so schnell, bitte.** ニヒト　ゾー　シュネル　ビッテ
427.	あの信号で停めて，降りるから。	**Halten Sie dort an der Ampel, ich möchte aussteigen.** ハルテン　ズィー　ドルト　アン　デア　アムペル　イッヒ　メヒテ　アオスシュタイゲン
428.	ここはどこですか？	**Wie heißt die Straße hier?** ヴィー　ハイスト　ディ　シュトラーセ　ヒア
429.	まだ遠いですか？	**Ist es noch weit?** イスト　エス　ノッホ　ヴァイト
430.	待ってて下さい，新聞を買ってくるだけですから。	**Bitte, warten Sie, ich will nur eine Zeitung kaufen.** ビッテ　ヴァルテン　ズィー　イッヒ　ヴィル　ヌア　アイネ　ツァイトゥング　カオフェン

10

自動車に関する決まり文句

1-15

431.	車を借りようよ。	**Lasst uns ein Auto mieten!** ラスト　ウンス　アイン　アオト　ミーテン
432.	あそこに「レンタカー」があるよ。	**Dort ist „Rent a car".** ドルト　イスト　レンタ　　カー
433.	車をお借りしたい。	**Wir möchten einen Wagen.** ヴィア　メヒテン　　　アイネン　　ヴァーゲン
434.	どんな車種がいいですか？	**Welches Modell?** ヴェルヒェス　モデル
435.	BMWをお願いします。	**Einen BMW bitte.** アイネン　ベーエムヴェー　ビッテ
436.	この用紙に記入して下さい。	**Füllen Sie bitte dieses** フュレン　ズィー　ビッテ　ディーゼス **Formular aus.** フォルムラール　アオス
437.	旅券と運転免許証を見せて下さい。	**Darf ich Ihren Reisepass** ダルフ　イッヒ　イーレン　ライゼパス **und Führerschein sehen?** ウント　フューラーシャイン　　　ゼーエン
438.	どのくらい長く、車ご入り用ですか？	**Wie lange brauchen Sie den** ヴィー　ランゲ　ブラオヘン　ズィー　デン **Wagen?** ヴァーゲン

439.	3日間です。	**Für drei Tage.**
440.	車は満タンです，お気をつけて。	**Der Wagen ist voll getankt, gute Reise!**
441.	高速道路の料金はいりますか？	**Braucht man Gebühren für die Autobahn?**
442.	いいえ，ドイツではどの道路も無料です。	**Nein, in Deutschland sind alle Straßen kostenlos.**
443.	高速道路（アウトバーン）には殆ど速度制限はありません。	**Auf der Autobahn gibt es fast keine Geschwindigkeitsbegrenzung.**
444.	時速200キロ以上で走る車もあります。	**Einige Autos fahren über 200 Km (zweihundert Kilometer) pro Stunde.**
445.	追越しは危険です。	**Das Überholen ist gefährlich.**
446.	運転は気をつけて。	**Fahren Sie vorsichtig!**
447.	ガソリンがなくなりそうだ。	**Das Benzin reicht nicht aus.**

自動車に関する決まり文句

448. そろそろ給油しなくちゃ。
Ich muss bald tanken.
イッヒ ムス バルト タンケン

449. いちばん近い給油所はどこですか？
Wo ist die nächste
ヴォ イスト ディ ネヒステ
Tankstelle?
タンクシュテレ

450. あそこにBPの看板が見えます。
Dort sehen Sie ein
ドルト ゼーエン ズィー アイン
BP-Schild.
ベーペーシルト

➡ BPはイギリス資本の石油会社の名前です。

451. あそこはセルフサービスですか？
Ist dort Selbstbedienung?
イスト ドルト セルプストベディーヌング

452. いいえ，従業員がいます。
Nein, es gibt einen Tankwart.
ナイン エス ギプト アイネン タンクヴァルト

453. 満タンにして。
Einmal volltanken, bitte.
アインマル フォルタンケン ビッテ

454. オイルもみてほしんだけど。
Sehen Sie auch nach dem
ゼーエン ズィー アオホ ナッハ デム
Öl.
エール

455. 事故が起きたら，すぐに警察を呼びなさい。
Beim Unfall müssen Sie
バイム ウンファル ミュッセン ズィー
sofort die Polizei rufen.
ゾフォルト ディ ポリツァイ ルーフェン

456. アウトバーンには電話があります。
Längs der Autobahn gibt es
レングス デア アオトバーン ギプト エス
Telefone.
テレフォーネ

457. どの方角で何 km の標識の所にいるかはっきり伝えなさい。

Sagen Sie genau, an
ザーゲン　ズィー　ゲナオ　アン
welchem Kilometerstein
ヴェルヒェム　キロメーターシュタイン
Sie sind und in welcher
ズィー ズィント ウント イン ヴェルヒャア
Richtung.
リヒトゥング

458. ドイツは右側通行です。

In Deutschland ist
イン　ドイチュラント　　　イスト
Rechtsverkehr.
レヒツフェルケーア

459. 自転車専用道もあちこちにあります。

Es gibt oft extra Wege für
エス　ギフト　オフト　エクストラ　ヴェーゲ　フュア
Fahrräder.
ファールレーダー

460. 住宅地域では制限速度,時速 30 キロのところが多い。

In Wohngebieten
イン　ヴォーンゲビーテン
darf oft nur 30 Km
ダルフ　オフト　ヌア
(dreißig Kilometer)
ドゥライスィヒ　キロメーター
gefahren werden.
ゲファーレン　　ヴェールデン

▲街角のガソリンスタンド

11
道案内の決まり文句

461. お宅へはどう行ったらいいですか？
Wie komme ich zu Ihrem Haus?
ヴィー コメ イッヒ ツー イーレム ハオス

462. キヴィッツモア駅で降りて下さい。
Steigen Sie an der Station Kiwittsmoor aus.
シュタイゲン ズィー アン デア シュタツィォーン キヴィッツモーア アオス

463. 左側に出てアムオクセンツォル通りまで進んで下さい。
Gehen Sie nach links bis zur Straße Am Ochsenzoll.
ゲーエン ズィー ナッハ リンクス ビス ツーア シュトラーセ アム オクセンツォル

464. それから右に曲がってタンクシュテッターラントシュトラーセまで行きます。
Dann rechts bis zur Tankstedter Landstraße.
ダン レヒツ ビス ツーア タンクシュテッター ラントシュトラーセ

465. そこで念のため、もう1度聞いて下さい。
Dort fragen Sie am besten noch einmal.
ドルト フラーゲン ズィー アム ベステン ノッホ アインマル

466. 道順をもっとくわしく教えて下さい。
Können Sie mir den Weg noch genauer beschreiben?
ケネン ズィー ミーア デン ヴェーク ノッホ ゲナオアー ベシュライベン

467. わかりやすいよう図を書きましょう。
Ich gebe Ihnen eine Skizze zur Orientierung.
イッヒ ゲーベ イーネン アイネ スキッツェ ツーア オリエンティールング

468. 歩いてどのくらい時間がかかりますか？
Wie lange dauert es zu Fuß？
ヴィー ランゲ ダオエルト エス ツー フース

469. 約15分です。
Etwa fünfzehn Minuten.
エトヴァ フュンフツェーン ミヌーテン

470. あのー，室内プールはどこにありますか？
Entschuldigen Sie bitte, wo ist das Hallenbad？
エントシュルディゲン ズィー ビッテ ヴォ イスト ダス ハレンバード

471. わかりません，地元じゃないんで。
Das weiß ich leider nicht, ich bin fremd hier.
ダス ヴァイス イッヒ ライダー ニヒト イッヒ ビン フレムト ヒア

472. 公営プールはどこでしょうか？
Verzeihen Sie, wie komme ich zum öffentlichen Bad？
フェフツァイエン ズィー ヴィー コメ イッヒ ツーム エッフェントリッヒェン バート

473. 信号のところまでまっすぐ行けば，右手に入口が見えます。
Gehen Sie geradeaus bis zur Ampel, dann sehen Sie rechts den Eingang.
ゲーエン ズィー ゲラーデアオス ビス ツーア アンペル ダン ゼーエン ズィー レヒツ デン アインガング

474. どうもありがとう。
Danke schön.
ダンケ シェーン

475. 児童手当の窓口はどこですか？
Wo ist die Kinderkasse？
ヴォ イスト ディ キンダーカッセ

476. 3階の右側です。　**Im zweiten Stock rechts.**
イム　ツヴァイテン　シュトック　レヒツ

> ドイツ語の2階（zweiter Stock）〔ツヴァイター・シュトック〕は日本の3階です。ドイツでは2階から1, 2, …X階というように数え始めます。1階は Parterre〔パルテル〕か Erdgeschoss〔エルトゲショッス〕です。

477. 哲学科の研究室はどこでしょうか？　**Wo ist das philosophische Seminar?**
ヴォー　イスト　ダス　フィロゾーフィッシェ　ゼミナール

478. 「哲学者の塔」の11階です。　**Im zehnten Stock des Philosophenturms.**
イム　ツェーンテン　シュトック　デス　フィロゾーフェントゥルムス

479. アントンの住まいはどこですか？　**Wo wohnt Anton?**
ヴォー　ヴォーント　アントン

480. ゼダン街13番地です。　**Sedanstraße dreizehn.**
ゼダンシュトラーセ　ドゥライツェーン

481. それどの辺か知ってますか？　**Weißt du, wo das ist?**
ヴァイスト　ドゥー　ヴォ　ダス　イスト

482. テレビ塔の近くですよ。　**In der Nähe vom Fernsehturm.**
イン　デア　ネーエ　フォム　フェルンゼートゥルム

483. ゼダン街への道すじを教えて下さい。　**Entschuldigen Sie, wie kommen wir zur Sedanstraße?**
エントシュルディゲン　ズィー　ヴィー　コメン　ヴィーアーア　ゼダンシュトラーセ

> 聞き手が1人なら, wie komme ich...?〔ヴィー・コメ・イッヒ〕となります。

484. あなた方，反対方向に向かってますよ。

Sie fahren in der falschen
ズィー ファーレン イン デア ファルシェン
Richtung.
リヒトゥング

485. ルイーゼン街までもどる必要があります。

Sie müssen zurück bis zur
ズィー ミュッセン ツーリュック ビス ツーア
Luisenstraße.
ルイーゼンシュトラーセ

486. それから右折してペーター教会まで（行きます）。

Dann rechts zur
ダン レヒツ ツーア
Peterskirche.
ペータースキルヒェ

487. 教会の後ろで，一方通行の小さな通りがゼダン街に直結しています。

Hinter der Kirche führt
ヒンター デア キルヒェ フュールト
eine kleine Straße, eine
アイネ クライネ シュトラーセ アイネ
Einbahnstraße, direkt zur
アインバーンシュトラーセ ディレクト ツーア
Sedanstraße.
セダンシュトラーセ

488. アントンは13番地だったね。

Anton wohnt Nummer
アントン ヴォーント ヌンマー
dreizehn.
ドゥライツェーン

489. じゃあこっちの右側を探さなくちゃ。

Dann müssen wir hier
ダン ミュッセン ヴィーア ヒア
rechts suchen.
レヒツ ズーヘン

490. 奇数番地は右側に並んでる（から）。

Die ungeraden Hausnummern
ディ ウンゲラーデン ハオスヌメルン
sind hier rechts.
ズィント ヒア レヒツ

道案内の決まり文句

➡ ドイツでは日本のように番地が入り組んでいるということはありません。町名さえわかればめざす家はすぐに見つかります。

491. 道に迷ってしまったんです。
Ich habe mich verlaufen.
イッヒ ハーベ ミッヒ フェアラオフェン

492. ここどこでしょう？
Wo bin ich hier?
ヴォー ビン イッヒ ヒア

493. あなたの市街図を見せて下さい。
Zeigen Sie mir Ihren
ツァイゲン ズィー ミーア イーレン
Stadtplan.
シュタットプラン

494. ここは東西街とレーディングスマルクトの角です。
Wir sind hier in
ヴィーア ズィント ヒア イン
der Ost-West Straße, Ecke
デア オストヴェスト シュトラーセ エッケ
Rödingsmarkt.
レーディングスマルクト

495. どこへ行きたいのですか？
Wo wollen Sie denn hin?
ヴォー ヴォレン ズィー デン ヒン

496. 魚市場なんです。
Zum Fischmarkt.
ツム フィッシュマルクト

497. そりゃかなり遠い。
Oh, das ist ziemlich weit.
オー ダス イスト ツィームリッヒ ヴァイト

498. タクシーに乗るか，地下鉄でランディングスブリュッケンまで行きなさい。
Nehmen Sie ein
ネーメン ズィー アイン
Taxi, oder die U-Bahn bis
タクシー オーダー ディ ウーバーン ビス
Landungsbrücken.
ランドゥングスブリュッケン

499. そこでもう1度尋ねなさい。
Fragen Sie dort noch einmal.
フラーゲン ズィー ドルト ノッホ アインマル

500. ありがとうございました。　**Haben Sie vielen Dank.**
ハーベン　ズィー　フィーレン　ダンク

501. エルベトンネルに行ったことがありますか？　**Waren Sie schon im Elbtunnel?**
ヴァーレン　ズィー　ショーン　イム
エルプトゥンネル

502. あれはランドゥングスブリュッケンのすぐ隣です。　**Der ist gleich neben den Landungsbrücken.**
デア　イスト　グライヒ　ネーベン　デン
ランドゥングスブリュッケン

▲ランドゥングスブリュッケン（ハンブルグ港）

12 観光旅行の決まり文句

503. あなたは旅行者ですか？
Sind Sie Tourist?
ズィント スィー トゥリスト

504. はい，旅行者です。
Ja, ich bin Tourist.
ヤー イッヒ ビン トゥリスト

505. トリーアの観光名所は何ですか？
Was sind die Sehenswürdigkeiten von Trier?
ヴァス ズィント ディ ゼーエンスヴュルディヒカイテン フォン トゥリーア

506. まずポルタ・ニグラ，それに旧市街，マルクスの家です。
Zunächst wohl die Porta Nigra, aber auch die Altstadt und das Karl Marx-Haus.
ツーネヒスト ヴォール ディ ポルタ ニグラ アーバー アオホ ディ アルトシュタット ウント ダス カール マルクスハオス

507. コイン・ロッカーはどこでしょう。
Wo sind die Schließfächer?
ヴォー ズィント ディ シュリースフェッヒャー

508. 駅には手荷物預かり所もあります。
Es gibt auch eine Gepäckaufbewahrung am Bahnhof.
エス ギプト アオホ アイネ ゲペックアオフベヴァールング アム バーンホーフ

509. ケルンの市街図がほしいのですが。
Ich möchte einen Stadtplan von Köln.
イッヒ メヒテ アイネン シュタットプラン フォン ケルン

510. 観光案内所でもらえますよ。
Den bekommen Sie bei der Touristeninformation.
デン ベコンメン ズィー バイ デア トゥリステンインフォルマツィオーン

511. そこでは宿さがしもやってくれます。
Dort hilft man Ihnen auch bei der Hotelsuche.
ドルト ヒルフト マン イーネン アオホ バイ デア ホテルズーヘ

512. 市内めぐりをしたいのですが。
Ich möchte eine Stadtrundfahrt machen.
イッヒ メヒテ アイネ シュタットルントファールト マッヘン

513. 観光バスは駅から出ています。
Die Busse für die Rundfahrt fahren vom Bahnhof ab.
ディ ブッセ フュア ディ ルントファールト ファーレン フォム バーンホーフ アプ

514. 船でラインの川旅をすることもできますよ。
Sie können auch eine Rheinfahrt mit dem Schiff machen.
ズィー ケネン アオホ アイネ ラインファールト ミット デム シッフ マッヘン

515. ケーニヒスヴィンター行の音楽，ダンス付きの船は特におすすめします。
Sehr zu empfehlen ist die Fahrt mit Musik und Tanz nach Königswinter.
ゼーア ツー エムプフェーレン イスト ディ ファールト ミット ムズィーク ウント タンツ ナッハ ケーニヒスヴィンター

516. ライン河はブルク（城）で有名です。
Der Rhein ist berühmt für seine Burgen.
デア ライン イスト ベリュームト フュア ザイネ ブルゲン

517. ブルクへの入場券売り場はあっちです。
Eintrittskarten für die Burg
アイントゥリッツカルテン　フュア　ディ　ブルク
gibt es dort drüben.
ギプト　エス　ドルト　ドゥリューベン

518. ドルでも払えますか？
Nehmen Sie auch Dollar？
ネーメン　ズィー　アオホ　ドラー

519. トラベラーズ・チェックでもいいですか？
Kann ich mit
カン　イッヒ　ミット
Travellerscheck bezahlen？
トラヴェラースチェック　ベツァーレン

520. このクレジットカードで払えますか？
Nehmen Sie diese
ネーメン　ズィー　ディーゼ
Kreditkarte？
クレディットカルテ

521. 案内は何時ですか？
Wann beginnt die Führung？
ヴァン　ベギント　ディ　フュールング

522. 10時開始です。
Sie beginnt um zehn Uhr.
ズィー　ベギント　ウム　ツェーン　ウーア

　➡ドイツ語で使われる代名詞は，前出の名詞の性によって決まります。この場合 die Führung（案内）が女性なので，それを受けるのは sie（彼女）となるわけです。

523. ドイツ語の説明だけですか？
Wird dabei nur Deutsch
ヴィールト　ダバイ　ヌア　ドイッチュ
gesprochen？
ゲシュプロッヘン

524. はい，残念ですが。
Ja, leider.
ヤー　ライダー

525. 12時には英語の案内があります。

Um zwölf Uhr gibt es eine
ウム　ツヴェルフ　ウーア　ギブト　エス　アイネ
Führung auf englisch.
フューレング　アオフ　エングリッシュ

526. 日曜日はお店は休みです。

Am Sonntag sind alle
アム　ゾンターク　ズィント　アレ
Geschäfte geschlossen.
ゲシェフテ　ゲシュロッセン

527. 銀行は土，日が休みです。

Die Banken sind am
ディ　バンケン　ズィント　アム
Sonnabend und Sonntag
ゾンアーベント　ウント　ゾンターク
nicht geöffnet.
ニヒト　ゲエッフネット

528. 小売り店は土曜日は午後2時まで開いています。

Einzelhandelsgeschäfte
アインツェルハンデルスゲシェフテ
haben am Samstag bis
ハーベン　アム　ザムスターク　ビス
(vierzehn) Uhr geöffnet.
フィアツェーン　ウーア　ゲエッフネット

529. ドイツには閉店時間法があります。

Es gibt ein Ladenschlussgesetz
エス　ギブト　アイン　ラーデンシュルッスゲゼッツ
in Deutschland.
イン　ドイッチュラント

➡ この法律によって，商店従事者たちの家庭生活のための時間が保障されます。日本のように深夜営業の店はありません。

530. 午後8時以降ドイツでは買物をすることができません。

Nach 20 (zwanzig) Uhr
ナッハ　ツヴァンツィヒ　ウーア
kann man in Deutschland
カン　マン　イン　ドイッチュラント
nichts mehr kaufen.
ニヒツ　メーア　カオフェン

531. 多くの小さな店は1時から2時まで昼休みがあります。

Viele kleine Geschäfte
フィーレ　クライネ　ゲシェフテ
haben von eins bis zwei
ハーベン　フォン　アインス　ビス　ツヴァイ
Mittagspause.
ミッタークスパオゼ

▲ゲッティンゲンの鵞鳥娘リーゼル

13

時間に関する決まり文句

532. 何時ですか？ **Wieviel Uhr ist es?**
ヴィーフィール ウーア イスト エス

533. 今，何時ですか？ **Wie spät ist es jetzt?**
ヴィー シュペート イスト エス イェッツト

➡ 時刻を尋ねるときは532.か533.のどちらかを使います。

534. 7時です。 **Es ist sieben.**
エス イスト ズィーベン

535. 7時5分過ぎです。 **Es ist fünf nach sieben.**
エス イスト フュンフ ナッハ ズィーベン

536. 7時15分です。 **Es ist sieben Uhr fünfzehn.**
エス イスト ズィーベン ウーア フュンフツェーン

➡ Es ist Viertel nach sieben.〔エス・イスト・フィアテル・ナッハ・ズィーベン〕も同じです。

537. 7時半です。 **Es ist halb acht.**
エス イスト ハルプ アハト

➡ ドイツ語では「8時に向かって半分」という言い方です。halb sieben〔ハルプ・ズィーベン〕は7時半ではなく6時半のことです。

538. 7時30分です。 **Es ist sieben Uhr dreißig.**
エス イスト ズィーベン ウーア ドゥライスィヒ

時間に関する決まり文句

539. 7時35分です。　　**Es ist fünf nach halb acht.**
エス イスト フュンフ ナッハ ハルプ アハト

540. 7時45分です。　　**Es ist sieben Uhr**
エス イスト ズィーベン ウーア
fünfundvierzig.
フュンフウントフィアツィヒ

541. 8時15分前です。　　**Es ist Viertel vor acht.**
エス イスト フィアテル フォア アハト

542. 7時55分です。　　**Es ist sieben Uhr**
エス イスト ズィーベン ウーア
fünfundfünfzig.
フュンフウントフュンフツィヒ

543. 8時5分前です。　　**Es ist fünf vor acht.**
エス イスト フュンフ フォア アハト

544. 正午です。　　**Es ist Mittag.**
エス イスト ミッターク

➡ Mittag の発音はミットタークではなく，ミッタークです。

545. 講義は1時15分に始まります。　　**Um Viertel nach eins**
ウム フィアテル ナッハ アインス
beginnt die Vorlesung.
ベギント ディ フォアレーズング

546. 9時に出発するつもりです。　　**Wir wollen um neun Uhr**
ヴィーア ヴォレン ウム ノイン ウーア
abfahren.
アプファーレン

547. ぼくは11時ごろ帰宅します。　　**Ich komme gegen elf nach**
イッヒ コメ ゲーゲン エルフ ナッハ
Hause.
ハオゼ

548. 午後6時に会う約束です。　**Wir treffen uns um 18**
ヴィーア　トゥレッフェン　ウンス　ウム
(achtzehn) Uhr.
アハツェーン　　　　ウーア

549. 3時ごろもどります。　**Gegen drei bin ich wieder da.**
ゲーゲン　ドゥライ　ビン　イッヒ　ヴィーダー　ダ

550. 今が潮時です。　**Es ist allerhöchste Zeit.**
エス　イスト　アラーヘーヒステ　　ツァイト

551. 今日は何日ですか？　**Der wievielte ist heute？**
デア　ヴィーフィールテ　イスト　ホイテ

➡ Den wievielten haben wir heute?〔デン・ヴィーフィールテン・ハーベン・ヴィーア・ホイテ〕, Welches Datum haben wir heute?〔ヴェルヒェス・ダートゥム・ハーベン・ヴィーア・ホイテ〕と聞いてもよい。

552. 今日は1月25日です。　**Heute ist der 25.**
ホイテ　イスト　デア
(fünfundzwanzigste) Januar.
フュンフウントツヴァンツィクステ　　ヤヌアール

553. 2月はカーニバルの月です。　**Im Februar ist Karneval.**
イム　フェブルアール　イスト　カルネヴァル

554. 3月, 4月, 5月は春です。　**März, April, Mai ist Frühling.**
メルツ　アプリル　マイ　イスト　フリューリング

555. 10月3日は休日です。　**Der 3.(dritte) Oktober ist**
デア　　　ドゥリッテ　　オクトーバー　イスト
frei.
フライ

➡ Tag der deutschen Einheit〔ターク・デア・ドイッチェン・アインハイト〕「ドイツ統一の日」です。

556.	7月，8月は休暇の月です。	**Im Juli und August sind Ferien.**
557.	学校は9月に始まります。	**Die Schule beginnt im September.**
558.	オクトーバーフェストはいつですか？	**Wann ist das Oktoberfest?**
559.	それは9月下旬から10月初旬にかけて行われます。	**Es findet von Ende September bis Anfang Oktober statt.**
560.	11月は憂うつな気分になります。	**Im November wird man melancholisch.**
561.	12月24日はクリスマス・イヴです。	**Am 24. (vierundzwanzigsten) Dezember ist Heiliger Abend.**
562.	いつお生まれになりましたか？	**Wann wurden Sie geboren?**
563.	お誕生日はいつですか？	**Wann ist Ihr Geburtstag?**

564. 1970年9月18日生まれです。

Ich wurde am 18.
イッヒ ヴールデ アム
(achtzehnten) September 1970
アハツェンテン ゼプテンバー
(neunzehnhundertsiebzig)
ノインツェーンフンデルトズィープツィヒ
geboren.
ゲボーレン

565. 今日は何曜日ですか？

Welchen Wochentag haben
ヴェルヒェン ヴォッヘンターク ハーベン
wir heute?
ヴィーア ホイテ

➡ Was für einen Tag haben wir heute?〔ヴァス・フュア・アイネン・ターク・ハーベン・ヴィーア・ホイテ〕と聞くこともできます。

566. 今日は月曜日です。

Heute ist Montag.
ホイテ イスト モーンターク

567. 1週は、月、火、水、木、金、土、日曜日の7日間です。

Die Woche hat sieben
ディ ヴォッヘ ハット ズィーベン
Tage, Montag, Dienstag,
ターゲ モーンターク ディーンスターク
Mittwoch, Donnerstag,
ミットヴォッホ ドンネルスターク
Freitag, Samstag und Sonntag.
フライターク ザムスターク ウント ゾンターク

568. 土曜日と日曜日は週末です。

Samstag und Sonntag
ザムスターク ウント ゾンターク
nennt man Wochenende.
ネント マン ヴォッヘンエンデ

➡ 土曜日はSonnabend〔ゾンアーベント〕とも言います。

569. 1年は12か月あります。

Das Jahr hat zwölf Monate.
ダス ヤール ハット ツヴェルフ モーナテ

570. 1年は365日です。　**Das Jahr hat**
　　　　　　　　　　　ダス　　ヤール　ハット
　　　　　　　　　　　dreihundertfünf-
　　　　　　　　　　　ドゥライフンデルトフュンフ
　　　　　　　　　　　undsechzig Tage.
　　　　　　　　　　　ウントゼヒツィヒ　　ターゲ

☆ドイツ語の数（2）

　ドイツ語の序数（順番をあらわす数）は，19までの数には -t を，20以上の数には -st をつけてつくります。（ただし 1, 3, 8 は例外）

第1の	erst- エールスト	第6の	sechst- ゼックスト
第2の	zweit- ツヴァイト	第8の	acht- アハト
第3の	dritt- ドゥリット	第10の	zehnt- ツェーント
第4の	viert- フィーアト	第17の	siebzehnt- ズィープツェーント
第5の	fünft- フュンフト	第18の	achtzehnt- アハツェーント

　　第24の　vierundzwanzigst-
　　　　　　フィアウントツヴァンツィヒスト
　　第25の　fünfundzwanzigst-
　　　　　　フュンフウントツヴァンツィヒスト
　　第100の　hundertst-
　　　　　　フンデルツト

　また序数は形容詞のように語尾変化をします。だから上記の序数も，このままの形で使われることはありません。たとえば「第三の男」は „Der dritte Mann" ［デァ・ドゥリッテ・マン］となり，dritt- の後に語尾 e がつきます。つまり dritt が語尾なしで独立で用いられることはないのです。

14 電話の決まり文句

571. クラインさんに電話してみるわ。
Ich rufe Frau Klein an.
イッヒ ルーフェ フラオ クライン アン

572. 彼女，多分時間があるでしょう。
Vielleicht hat sie Zeit.
フィーライヒト ハット ズィー ツァイト

573. あらだめよ，もう夜の10時だもの。
Nein, das geht nicht, es ist schon 22 (zweiundzwanzig) Uhr.
ナイン ダス ゲート ニヒト エス イスト ショーン ツヴァイウントツヴァンツィヒ ウーア

574. 9時過ぎの電話はひかえなくちゃ。
Nach 21 (einundzwanzig) Uhr sollte man nicht mehr anrufen.
ナッハ アインウントツヴァンツィヒ ウーア ゾルテ マン ニヒト メーア アンルーフェン

575. そうね，うっかりしていたわ。
Ja, das stimmt, daran habe ich nicht gedacht.
ヤー ダス シュティムト ダラン ハーベ イッヒ ニヒト ゲダハト

576. もしもし，こちら田中洋子です。
Hallo, hier spricht Yoko Tanaka.
ハロー ヒア シュプリヒト ヨーコ タナカ

電話の決まり文句

577. クラインさんとお話ししたいんですが。
Ich möchte mit Frau Klein sprechen.
イッヒ メヒテ ミット フラオ クライン シュプレッヒェン

578. 私（が本人）です。
Ich bin am Apparat.
イッヒ ビン アム アパラート

579. こんにちは，田中さん。
Guten Tag, Frau Tanaka.
グーテン ターク フラオ タナカ

580. ああよかった，連絡がとれて。
Gut, dass ich Sie erreiche.
グート ダス イッヒ ズィー エアライヒェ

581. 今日皆で街で会うことになったの。
Wir treffen uns heute alle in der Stadt.
ヴィーア トゥレッフェン ウンス ホイテ アレ イン デア シュタット

582. あなたもおいでになれる？
Können Sie auch kommen？
ケネン ズィー アオホ コメン

583. ええ喜んで，午後はずっとあいてるから。
Gern, ich habe den ganzen Nachmittag frei.
ゲルン イッヒ ハーベ デン ガンツェン ナッハミッターク フライ

584. よかった，それじゃあ14時にヘルティー百貨店で。
Wunderbar, dann um vierzehn Uhr am Hertie Kaufhaus.
ヴンダーバール ダン ウム フィアツェーン ウーア アム ヘルティー カオフハオス

585. さようなら，どうもありがとう。
Auf Wiederhören und vielen Dank！
アオフ ヴィーダーヘーレン ウント フィーレン ダンク

586.	どういたしまして，さようなら。	**Nichts zu danken. Auf Wiederhören!** ニヒツ ツー ダンケン アオフ ヴィーダーヘーレン

➡ 電話のときは「再び聞くことを期して」の意味で Auf Wiederhören〔アオフ・ヴィーダーヘーレン〕といいます。Auf Wiedersehen〔アオフ・ヴィーダーゼーエン〕と言ってもまちがいではありません。

587.	もしもし，山田ですが。	**Hallo, hier ist Yamada.** ハロー ヒア イスト ヤマダ
588.	どなた様ですか，そちら。	**Mit wem spreche ich, bitte?** ミット ヴェーム シュプレッヒェ イッヒ ビッテ
589.	ショップです。	**Mein Name ist Schopp.** マイン ナーメ イスト ショップ
590.	ああ，ショップさん，アプスさんと話したいんですが。	**Guten Tag, Herr Schopp, kann ich mit Herrn Abs sprechen?** グーテン ターク ヘア ショップ カン イッヒ ミット ヘルン アプス シュプレッヒェン
591.	残念ですが，今席をはずしてます。	**Tut mir leid, er ist gerade nicht da.** トゥート ミーア ライト エア イスト ゲラーデ ニヒト ダ
592.	わかりました，私が電話したと伝えておいて下さい。	**Ich verstehe, wollen Sie ihm bitte ausrichten, dass ich angerufen habe.** イッヒ フェアシュテーエ ヴォレン ズィー イーム ビッテ アオスリヒテン ダス イッヒ アンゲルーフェン ハーベ

593. いいですとも，お名前は何とおっしゃいましたっけ？
Mache ich gern, wie war
マッヘ　イッヒ　ゲルン　ヴィー　ヴァール
Ihr Name bitte?
イーア　ナーメ　ビッテ

594. や・ま・だ・です，どうもありがとう。
YA-MA-DA. Vielen Dank.
ヤ　マ　ダ　フィーレン　ダンク

595. さようなら。
Auf Wiederhören.
アオフ　ヴィーダーヘーレン

596. もしもし，ブンダーマンさんとお話ししたいんですが。
Hallo, ich hätte gern Frau
ハロー　イッヒ　ヘッテ　ゲルン　フラオ
Bundermann gesprochen!
ブンダーマン　ゲシュプロッヘン

➡ hätte....gesprochen〔ヘッテ…ゲシュプロッヘン〕は電話のときに使われる接続法です。

597. 何とおっしゃいましたか？
Was haben Sie gesagt?
ヴァス　ハーベン　ズィー　ゲザークト

598. 電話がすごい雑音です。
Das Telefon macht ein
ダス　テレフォン　マハト　アイン
furchtbares Geräusch.
フルヒトバーレス　ゲロイシュ

599. あなたの言うことがよく聞こえません。
Ich kann Sie schlecht hören.
イッヒ　カン　ズィー　シュレヒト　ヘーレン

600. もう1度たのみます。
Noch einmal bitte.
ノッホ　アインマル　ビッテ

601. みません，間違えました。
Entschuldigen Sie, ich
エントシュルディゲン　ズィー　イッヒ
habe falsch gewählt.
ハーベ　ファルシュ　ゲヴェールト

602. もしもし，番号案内ですか，日本の東京へかけるときの番号は何番でしょうか？

Hallo, Auskunft!
ハロー　アオスクンフト

Bitte sagen Sie mir die
ビッテ　ザーゲン　ズィー　ミーア　ディ

Vorwahlnummer für Tokyo,
フォアヴァールヌンマー　　フュア　トーキョー

Japan.
ヤーパン

603. 0081-3が識別番号です。

Hören Sie bitte, die
ヘーレン　ズィー　ビッテ　ディ

Nummer für Tokyo, Japan
ヌンマー　　フュア　トーキョー　ヤーパン

ist Null Null acht eins drei.
イスト　ヌル　ヌル　アハト　アインス　ドゥライ

604. 直接ダイヤルできます。

Sie können direkt wählen.
ズィー　ケネン　　ディレクト　ヴェーレン

605. もしもし，エーファさんはいますか？

Hallo, ich hätte gern Eva
ハロー　イッヒ　ヘッテ　ゲルン　エーファ

gesprochen.
ゲシュプロッヘン

606. いません，何か伝えましょうか？

Eva ist nicht da, kann ich
エーファ　イスト　ニヒト　ダ　カン　イッヒ

was ausrichten?
ヴァス　アオスリヒテン

607. 折り返し電話してほしいと言って下さい。

Sagen Sie ihr bitte, sie
ザーゲン　ズィー　イーア　ビッテ　ズィー

möchte mich zurückrufen.
メヒテ　　ミッヒ　ツーリュックルーフェン

608. あなたのお電話番号は？

Wie ist Ihre
ヴィー　イスト　イーレ

Telefonnummer bitte?
テレフォンヌンマー　　　　ビッテ

15 おわびの決まり文句

609. おい，クラウス！
Grüß dich, Klaus!
グリュース ディッヒ クラオス

610. おや，君だとは気がつかなかったよ。
O, ich habe dich nicht erkannt.
オー イッヒ ハーベ ディッヒ ニヒト エアカント

611. 昨日どこにいたんだよ，君。
Wo warst du gestern?
ヴォー ヴァールスト ドゥー ゲステルン

612. ちょっと用事があってね。
Ich war leider verhindert.
イッヒ ヴァール ライダー フェアヒンデルト

613. われわれは君を1時間も待っていたんだぜ。
Wir haben eine Stunde auf dich gewartet.
ヴィーア ハーベン アイネ シュトゥンデ アオフ ディッヒ ゲヴァルテット

614. それはすまない。
Das ist mir peinlich.
ダス イスト ミーア パインリッヒ

615. 少なくとも電話くらいかけてよこすべきだったよ。
Du hättest mindestens anrufen sollen.
ドゥー ヘッテスト ミンデステンス アンルーフェン ゾレン

➡ hättest〔ヘッテスト〕は「実際にはそうでなかった」という場合に使う接続法です。

616.	すまない，忘れてしまったんだよ。	**Tut mir leid, ich habe es vergessen.**
617.	遅れて申し訳ありません。	**Entschuldigen Sie, dass ich so spät komme.**
618.	早くは来れなかったんです。	**Ich konnte nicht früher kommen.**
619.	まあ，いいです，かまいません。	**Das macht nichts.**
620.	お許し下さい。	**Entschuldigung!**
621.	あいすみません。	**Verzeihung!**
622.	申し訳ありません。	**Verzeihen Sie!**
623.	ごめんなさい。	**Das ist mir unangenehm.**
624.	おわびいたします。	**Ich bitte um Entschuldigung.**
625.	すまないんだけど。	**Sei mir nicht böse, aber…**
626.	すみませんが，お腹すいてないんです。	**Seien Sie nicht böse, aber ich habe keinen Hunger.**

627.	それは残念です。	**Das ist schade!** ダス　イスト　シャーデ
628.	すまない，そんなつもりじゃなかったんだ。	**Entschuldige, das war** エントシュルディゲ　　　ダス　ヴァール **nicht meine Absicht.** ニヒト　マイネ　　アブジヒト

➡ Entschuldige〔エントシュルディゲ〕は親しい間柄（1人）での言い方です。

629.	あなたの本を忘れてきてしまって，すみません。	**Ich habe ein schlechtes** イッヒ　ハーベ　アイン　シュレヒテス **Gewissen, ich habe Ihr** ゲヴィッセン　イッヒ　ハーベ　イーア **Buch vergessen.** ブーフ　フェアゲッセン
630.	あなたの気にさわってすみません。	**Entschuldigen Sie, ich** エントシュルディゲン　ズィー　イッヒ **wollte Sie nicht kränken.** ヴォルテ　ズィー　ニヒト　クレンケン
631.	幾重にもおわび申しあげます。	**Ich bitte tausendmal um** イッヒ　ビッテ　タオゼントマール　ウム **Entschuldigung.** エントシュルディグング
632.	ご寛容の程を。	**Ich bitte um Nachsicht.** イッヒ　ビッテ　ウム　ナッハジヒト
633.	遺憾に思います	**Ich bedauere.** イッヒ　ベダオエレ
634.	おわび（謝罪）申しあげます。	**Ich muss Abbitte tun.** イッヒ　ムス　アプビッテ　トゥン

▲ウスラー (Uslar) の街並

☆ Entschuldigung の使い方について ☆

　この課で扱われている「すみません」は，文字通り，すまないと思って，相手におわびするときの表現です。道を尋ねるときなどに使う「すみませんが，駅への道を教えて下さい」の「すみません」とは違います。

　また，電車の中で足など踏んだ場合は，Entschuldigung!（すみません）でいいのですが，落ちた物を拾ってもらったときなどに，日本人がいう「すみません」は Danke schön であって，Entschuldigung! ではありません。

　日本人は長い間の習慣で，「ありがとう」の意味のところでも，「すみません」と言いますので，この点を注意して，Entschuldigung! の多用は避けましょう。「すみません」を連発すると，礼儀正しいていねいなつもりが，ドイツ人の目にはペコペコしているように映ってしまいます。逆に日本語では，bitte! の表現が会話文の中に現れることがないので，これを言わずにすませてしまうきらいがあります。ていねいな感じは，ドイツ語では，bitte! を使うことによってかもしだされますので，bitte はむしろ多用することを心がけましょう。

16 お願いの決まり文句

635. お願いがあります。
Ich habe eine Bitte.
イッヒ ハーベ アイネ ビッテ

636. 手伝っていただけますか？
Können Sie mir bitte helfen?
ケネン ズィー ミーア ビッテ ヘルフェン

637. お願いしたいことがあるのですが。
Können Sie mir einen Gefallen tun?
ケネン ズィー ミーア アイネン ゲファレン トゥン

638. ひとつお教えいただきたいのですが。
Darf ich Sie um eine Auskunft bitten?
ダルフ イッヒ ズィー ウム アイネ アオスクンフト ビッテン

639. お邪魔します。
Darf ich stören?
ダルフ イッヒ シュテーレン

640. お邪魔してすみません。
Entschuldigen Sie die Unterbrechung.
エントシュルディゲン ズィー ディ ウンターブレッヒュング

641. くつを脱いで下さい，日本の習慣なんです。
Ziehen Sie bitte die Schuhe aus; das ist eine japanische Sitte.
ツィーエン ズィー ビッテ ディ シューエ アオス ダス イスト アイネ ヤパーニッシェ ズィッテ

お願いの決まり文句

642. 塩をこちらにまわして下さい。
Reichen Sie mir bitte das Salz.
ライヒェン ズィー ミーア ビッテ ダス ザルツ

643. 通して下さい。
Lassen Sie mich bitte durch!
ラッセン ズィー ミッヒ ビッテ ドゥルヒ

644. 窓を閉めていただけますか？
Könnten Sie das Fenster schließen？
ケンテン ズィー ダス フェンスター シュリーセン

➡ 643. 644. は主にバスや電車の中などで使う表現です。

645. 自転車をお借りできますか？
Können Sie mir Ihr Fahrrad leihen？
ケネン ズィー ミーア イーア ファールラート ライエン

646. 茶碗を貸していただけますか？
Können Sie mir mit Tassen aushelfen？
ケネン ズィー ミーア ミット タッセン アオスヘルフェン

647. 電話をお借りしてよろしいですか？
Darf ich Ihr Telefon benutzen？
ダルフ イッヒ イーア テレフォン ベヌッツェン

648. ビールを家に配達してもらえますか？
Können Sie das Bier frei Haus bringen？
ケネン ズィー ダス ビーア フライ ハオス ブリンゲン

649. ここに伝言を書き残していいですか？
Kann ich hier eine Nachricht hinterlassen？
カン イッヒ ヒア アイネ ナッハリヒト ヒンターラッセン

650. 私達の写真を撮っていただけますか？

Würden Sie bitte
ヴュルデン　ズィー　ビッテ
eine Aufnahme von uns
アイネ　アオフナーメ　フォン　ウンス
machen？
マッヘン

▲ドレスデン近郊のエルベ川

☆接続法（**Konjunktiv**〔コンユンクティーフ〕）について

　ドイツ語には，英語の仮定法に当たるものに接続法があります。これはもともと動詞変化の一形態で，非現実な内容を表現したり，間接話法の文として，また話者の願望の表現をするときなどに用いられます。このうち間接話法の接続法はだんだん使われない傾向にあります。婉曲表現，ていねいな言い方のときは，本文644.650のように接続法が使われます。

1. Wenn du mir behilflich sein kannst, bin ich dir sehr dankbar（直説法）
2. Wenn du mir behilflich sein könntest, wäre ich dir sehr dankbar（接続法）

　この2つの文は親称 du の間がらであっても 1. だとダイレクトな感じになります。内容的には「君が助けてくれるなら，ありがたい」と同じでも，2. のほうが，ていねいでおくゆかしい上品な表現です。接続法は würde［ヴュールデ］, möchte［メヒテ］, könnte［ケンテ］, wäre［ヴェーレ］, hätte［ヘッテ］…のように，見かけの上ではウムラウトが特徴です。

17 天候（自然現象）の決まり文句

651. いい天気ですねー。 **Ein herrliches Wetter!**
アイン ヘルリッヒェス ヴェッター

652. すばらしい日です。 **Ein wunderbarer Tag!**
アイン ヴンダーバーラー タ―ク

653. 風がすがすがしい。 **Der Wind ist frisch.**
デア ヴィント イスト フリッシュ

654. すごい風です。 **Es ist stürmisch.**
エス イスト シュテュルミッシュ

655. 暴風雨です。 **Es regnet und stürmt.**
エス レークネット ウント シュテュルムト

656. 今日は雪と雨まじりの天気です。 **Heute haben wir Graupelwetter.**
ホイテ ハーベン ヴィア
グラオペルヴェッター

657. 雪降りです。 **Es schneit.**
エス シュナイト

658. 雪が20センチ積もりました。 **Der Schnee liegt 20 cm (zwanzig Zentimeter) hoch.**
デア シュネー リークト
ツヴァンツィヒ ツェンチメーター ホッホ

天候（自然現象）の決まり文句

659. 気温は氷点下です。　　**Die Temperatur ist unter Null.**
ディ　テンペラトゥーア　イスト　ウンター　ヌル

660. ものすごく寒い。　　**Es friert Stein und Bein.**
エス　フリールト　シュタイン　ウント　バイン

➡ Es ist sehr kalt.〔エス・イスト・ゼーア・カルト〕よりも寒さのニュアンスが強い表現です。

661. 雪解けの陽気になるでしょう。　　**Ich glaube, wir kriegen Tauwetter.**
イッヒ　グラオベ　ヴィーア　クリーゲン　タオヴェッター

662. 池の氷が解ける。　　**Das Eis auf dem Teich taut.**
ダス　アイス　アオフ　デム　タイヒ　タオト

663. ライン川が満水です。　　**Der Rhein hat Hochwasser.**
デア　ライン　ハット　ホッホヴァッサー

664. 岸辺に水があふれ出ています。　　**Die Ufer sind überflutet.**
ディ　ウーファ　ズィント　ユーバーフルーテット

665. 空気が気持ちよい。　　**Die Luft ist lind.**
ディ　ルフト　イスト　リント

666. 今夜はおだやかです。　　**Die Nacht ist mild.**
ディ　ナハト　イスト　ミルト

667. 今日は暑い，きっと暑気休業になる。　　**Heute ist es heiß, wir bekommen sicher Hitzefrei.**
ホイテ　イスト　エス　ハイス　ヴィーア　ベコメン　ズィッヒャー　ヒッツェフライ

➡ ドイツの小中学校では，気温が27℃以上になると午前10時以降の授業は打ち切り，下校となる。これをヒッツェフライと言います。

668. 気温が30度に上昇している。　**Das Quecksilber steigt auf dreißig Grad.**

669. 蒸し暑い，きっと夕立がありますよ。　**Es ist schwül, es kommt bestimmt ein Gewitter.**

670. 地平線にもう雷雲が生じています。　**Am Horizont stehen schon Gewitterwolken.**

671. 稲妻と雷鳴がとどろきはじめました。　**Jetzt blitzt und donnert es.**

672. 雨が強くザーッと降る。　**Der Regen prasselt.**

673. 土砂降りです。　**Es gießt wie aus Eimern.**

674. 日差しが暖かい，外で日光浴ができます。　**Die Sonne scheint warm, wir können uns draußen sonnen.**

675. 今日は肌寒い雨模様の天気です。　**Heute ist richtiges Nieselwetter.**

676. 空は青く、小春日和です。　**Der Himmel ist blau, wir haben Altweibersommer.**

➡ 10月ごろに，短い期間もう一度夏のような陽気がもどると，アルトヴァイバーゾンマーと言います。アメリカの「インディアンサマー」にあたります。

677. なんともいやな天気ですねー。　**Ein ungemütliches Wetter!**

678. 11月は曇天で陰うつです。　**Der November ist trübe.**

679. クリスマスに雪になってくれたらね。　**Hoffentlich kriegen wir weiße Weihnachten.**

680. 路面凍結，スリップの危険あり。　**Es hat gefroren, es besteht Glatteisgefahr.**

681. 天気はどうですか？　**Wie ist das Wetter?**

682. 天気予報によれば，氷雨もようになります。　**Nach der Wettervorhersage wird es nasskalt.**

18 ホテルでの決まり文句

683.	予約してありません。	**Ich habe keine Reservierung.** イッヒ ハーベ カイネ レゼルヴィールング
684.	ツインが空いていますか？	**Haben Sie ein Doppelzimmer frei?** ハーベン ズィー アイン ドッペルツィンマー フライ
685.	バスつきですか，シャワーですか？	**Mit Bad oder Dusche?** ミット バート オーダー ドゥーシェ
686.	バスつきでお願いします。	**Mit Bad bitte!** ミット バート ビッテ
687.	何泊なさいますか？	**Für wie lange?** フュア ヴィー ランゲ
688.	できるなら，４泊したいんですが。	**Wenn es geht, vier.** ヴェン エス ゲート フィア
689.	このツインの部屋はおいくらですか？	**Wieviel kostet dieses Doppelzimmer?** ヴィーフィール コステット ディーゼス ドッペルツィンマー

690.	1晩, 135ユーロです。	**Hundertfünfunddreißig** フンデルトフュンフウントドゥライスィヒ **Euro pro Nacht.** オイロ プロ ナハト
691.	じゃあ, それに決めます。	**Ja, das nehme ich.** ヤー ダス ネーメ イッヒ
692.	シングル・ルームはありますか？	**Haben Sie ein** ハーベン ズィー アイン **Einzelzimmer frei?** アインツェルツィンマー フライ
693.	何泊しますか？	**Wie viele Nächte?** ヴィー フィーレ ネヒテ
694.	1泊です。	**Für eine Nacht.** フュア アイネ ナハト
695.	この部屋はバスつきで80ユーロです。	**Dieses Zimmer kostet** ディーゼス ツィンマー コステット **achzig Euro mit Bad.** アハツィヒ オイロ ミット バート
696.	朝食はつきますか？	**Ist das mit Frühstück?** イスト ダス ミット フリューシュテュック
697.	ええ, 朝食, 付加価値税込みの値段です。	**Ja, das ist mit Frühstück** ヤー ダス イスト ミット フリューシュテュック **und Mehrwertsteuer.** ウント メーアヴェルトシュトイヤー

➡ 付加価値税というのは日本の消費税にあたるものです。

698.	ここに記入して下さい。	**Tragen Sie sich bitte hier** トゥラーゲン ズィー ズィッヒ ビッテ ヒア **ein.** アイン

699.	静かな部屋をお願いします。	**Geben Sie mir bitte ein ruhiges Zimmer.** ゲーベン ズィー ミーア ビッテ アイン ルーイゲス ツィンマー

➡ 部屋などの静けさを表すには leise〔ライゼ〕ではなく，ruhig〔ルーイヒ〕を使います。

700.	この部屋は湖が眺められます。	**Dieses Zimmer hat Blick auf den See.** ディーゼス ツィンマー ハット ブリック アオフ デン ゼー
701.	それはいい，朝食は何時にできますか？	**Wunderbar, wann kann ich morgens frühstücken?** ヴンダーバール ヴァン カン イッヒ モルゲンス フリューシュテュッケン
702.	6時からです。	**Ab sechs Uhr.** アブ ゼックス ウーア
703.	あなたのお荷物は？	**Wo ist Ihr Gepäck?** ヴォー イスト イーア ゲペック
704.	荷物はまだ車の中です。	**Mein Gepäck ist noch im Wagen.** マイン ゲペック イスト ノッホ イム ヴァーゲン
705.	どこに駐車できますか？	**Wo kann ich parken?** ヴォー カン イッヒ パルケン
706.	駐車場はホテルの後ろです。	**Der Parkplatz ist hinter dem Hotel.** デア パルクプラッツ イスト ヒンター デム ホテル

707. ホテルは高すぎる，ぼくはユースホステルに行くよ。

Ein Hotel ist mir
アイン　ホテル　イスト　ミーア
zu teuer, ich gehe in die
ツー　トイヤー　イッヒ　ゲーエ　イン ディ
Jugendherberge.
ユーゲントヘルベルゲ

708. ユースホステルの会員証持ってきてないんじゃない？

Hast du deinen
ハスト　　ドゥー　ダイネン
Herbergsaus-
ヘルベルクスアオス
weis nicht dabei？
ヴァイス　ニヒト　　ダバイ

709. いや，持ってるよ。

Doch, ich habe ihn.
ドッホ　　イッヒ　ハーベ　イーン

➡ 708. の問いに対して，持っていないときには，Nein, ich habe ihn nicht〔ナイン・イッヒ・ハーベ・イーン・ニヒト〕と答えます。日本語だと「はい，持っていない」となります。持っているとき，つまり否定の問いを否定するときにはDoch（いいえ）で答えます。したがってDoch〔ドッホ〕がつくと，答えの内容は肯定になります。ドイツ語の否定の質問にはNein〔ナイン〕かDoch〔ドッホ〕のいずれかで返答するわけですが，以上のように日本語の場合とちがいますので，よくなれる必要があります。

▲ハンブルク中央駅

19

美容院・理髪店での決まり文句

710.	いらっしゃいませ。（何にいたしますか）	**Was kann ich für Sie tun?** ヴァス カン イッヒ フュア ズィー トゥン
711.	パーマをお願いします。	**Dauerwelle, bitte!** ダオアーヴェレ ビッテ
712.	パーマはいくらですか？	**Was kostet eine Dauerwelle?** ヴァス コステット アイネ ダオアーヴェレ
713.	あまり強くしないで下さい。	**Bitte, nicht zu stark.** ビッテ ニヒト ツー シュタルク
714.	洗髪とカットとドライヤーを頼みます。	**Waschen, schneiden und föhnen bitte.** ヴァッシェン シュナイデン ウント フェーネン ビッテ
715.	洗髪はふつう洗いですか？	**Einfach waschen?** アインファッハ ヴァッシェン
716.	フケ止め洗いにして下さい。	**Gegen Schuppen bitte.** ゲーゲン シュッペン ビッテ
717.	髪をセットして下さい。	**Ich möchte mir die Haare legen lassen.** イッヒ メヒテ ミーア ディ ハーレ レーゲン ラッセン

718.	髪の毛を染めて下さい。	**Ich möchte meine Haare färben lassen.**
719.	色の見本を見せて下さい。	**Zeigen Sie mir bitte die Farbpalette.**
720.	予約なさってますか？	**Sind Sie angemeldet?**
721.	時間はありますか？	**Haben Sie etwas Zeit?**
722.	だいぶかかりますか？	**Dauert es lange?**
723.	どんな髪型がよろしいですか？	**Wie möchten Sie die Haare geschnitten haben?**
724.	髪を短くして下さい。	**Schneiden Sie mir die Haare kurz, bitte.**
725.	後ろを少し長く。	**Hinten etwas länger.**
726.	前髪をもっと短く。	**Den Pony noch kürzer.**
727.	前髪をあまり短くしないで下さい。	**Den Pony nicht zu kurz.**

728.	分けめは右です。	**Mein Scheitel ist rechts.** マイン　シャイテル　イスト レヒツ
729.	流して下さい。	**Die Seiten zurück bitte.** ディ　ザイテン　ツーリュック ビッテ
730.	セットローションは結構です。	**Ohne Festiger bitte.** オーネ　フェスティガー　ビッテ
731.	こんな具合でいいですか？	**Ist es so recht？** イスト エス ゾー レヒト
732.	これはほんの気持，とっといて下さい。	**Danke, das ist für Sie.** ダンケ　ダス　イスト フュア ズィー
733.	散髪頼みます。	**Haarschneiden, bitte！** ハールシュナイデン　ビッテ
734.	左の方に分けて下さい。	**Den Scheitel trage ich links.** デン　シャイテル　トゥラーゲ イッヒ リンクス
735.	後ろを短くね。	**Hinten kurz bitte.** ヒンテン　クルツ　ビッテ
736.	かなり待ちますが，時間はありますか？	**Sie müssen leider etwas** ズィー ミュッセン　ライダー　エトヴァス **warten. Haben Sie Zeit？** ヴァルテン　ハーベン　ズィー ツァイト
737.	約１時間半かかります。	**Es dauert ungefähr** エス ダオエルト　ウンゲフェーア **anderthalb Stunden.** アンデルトハルプ　シュトゥンデン
738.	ちょっと長すぎますね，また出直します。	**Das ist mir zu lange. Ich** ダス　イスト ミーア ツー ランゲ　イッヒ **komme wieder.** コメ　　　ヴィーダー

☆さようならをいう習慣☆

　ドイツ人は買物を終えた後, Auf Wiedersehen〔アオフ・ヴィーダーゼーエン〕「さようなら」と言って店を出ます。入るときにグーテン・タ-ク「こんにちは」をいうのは, 日本も同じですが, 「さようなら」と言って店を出る習慣は日本にはないようですね。

☆適温ビール☆

　日本ではビールを冷蔵庫などに入れて冷やして飲みますが, ドイツではふつうビールはケースごと地下室や, 台所のうす暗い隅などに置いてありますので, そのままそこから取り出して飲みます。よほど外の気温が高い場合は別ですが, わざわざ冷やして飲むことはありません。ですから日本に来たドイツ人が, レストランなどで冷えたビールを出されて, なぜそんなに冷たくして飲むのかと不思議がります。もっともドイツ人もなまあたたかいビールはきらいです。

▲デパートの中のピクトグラム

20

病気の際の決まり文句

🔊 2-8

739.	予約がありますか？	**Haben Sie einen Termin?** ハーベン　ズィー　アイネン　テルミーン
740.	いいえ，だけど歯が痛いんです。	**Nein, aber ich habe** ナイン　アーバー　イッヒ　ハーベ **Zahnschmerzen.** ツァーンシュメルツェン
741.	少し待たなければなりませんよ。	**Sie müssen leider etwas** ズィー　ミュッセン　ライダー　エトヴァス **warten.** ヴァルテン
742.	次の方，どうぞ。	**Der nächste, bitte!** デア　ネヒステ　ビッテ
743.	田中さん，診察室にお入り下さい。	**Frau Tanaka, gehen Sie** フラオ　タナカ　ゲーエン　ズィー **bitte ins Sprechzimmer.** ビッテ　インス　シュプレッヒツィンマー
744.	どこが痛いですか？	**Wo tut es denn weh?** ヴォー　トゥート　エス　デン　ヴェー
745.	ここです（指で示す）	**Hier!** ヒーア
746.	痛い所に触れたら言って下さい。	**Sagen Sie, wenn es weh tut.** ザーゲン　ズィー　ヴェン　エス　ヴェー　トゥート

747.	歯を削ります。	**Ich muss bohren.** イッヒ ムス ボーレン
748.	虫歯があります。	**Sie haben Karies.** ズィー ハーベン カリエス

➡ 虫歯のことをカリエスと言います。

749.	歯根炎です。	**Sie haben eine** ズィー ハーベン アイネ **Wurzelentzündung.** ヴルツェルエントツュンドゥング
750.	この歯は抜かなければなりません。	**Der Zahn muss gezogen** デア ツァーン ムス ゲツォーゲン **werden.** ヴェールデン
751.	3時間は何も食べないようにして下さい。	**Essen Sie drei Stunden** エッセン ズィー ドゥライ シュトウンデン **lang nichts!** ラング ニヒツ
752.	痛くなったら，1錠服用して下さい。	**Nehmen Sie eine Tablette,** ネーメン ズィー アイネ タブレッテ **wenn Sie Schmerzen haben.** ヴェン ズィー シュメルツェン ハーベン
753.	次の予約をとって下さい。	**Lassen Sie sich einen** ラッセン ズィー ズィッヒ アイネン **neuen Termin geben.** ノイエン テルミーン ゲーベン

➡ 医者が患者に言います。患者は窓口で次の予約日を決めます。

754.	金曜日はどうですか？	**Passt es Ihnen am Freitag?** パスト エス イーネン アム フライターク

755. はい，3時でしたら。 Ja, um drei Uhr.
ヤー ウム ドゥライ ウーア

756. 子供が2日前から高熱を出しているんです。 Mein Kind hat seit zwei Tagen hohes Fieber.
マイン キント ハット ザイト ツヴァイ ターゲン ホーエス フィーバー

757. 何度ありますか？ Wie hoch ist das Fieber?
ヴィー ホッホ イスト ダス フィーバー

758. 39度6分です。 Neununddreißig Komma sechs.
ノインウントドゥライスィヒ コンマ ゼックス

759. 口をあけて，あーんして。 Mach bitte den Mund auf und sage Aa.
マッハ ビッテ デン ムント アオフ ウント ザーゲ アー

760. 扁桃腺炎です。 Es ist eine Mandelentzündung.
エス イスト アイネ マンデルエントツュンドゥング

761. 風邪です，心配いりません。 Es ist eine Erkältung, Sie brauchen sich keine Sorgen zu machen.
エス イスト アイネ エアケルトゥング ズィー ブラオヘン ズィッヒ カイネ ゾルゲン ツー マッヘン

762. お子さんははしかをやりましたか？ Hatte Ihr Kind schon Masern?
ハッテ イーア キント ショーン マーゼルン

763.	この子は1週間寝かせて下さい。	**Das Kind muss eine Woche im Bett bleiben.** ダス キント ムス アイネ ヴォッヘ イム ベット ブライベン
764.	解熱用座薬を処方いたします。	**Ich verschreibe Ihnen Zäpfchen zur Fiebersenkung.** イッヒ フェアシュライベ イーネン ツェプフヒェン ツア フィーバーゼンクング
765.	抗生物質を処方します。	**Ich verschreibe Ihnen ein Antibiotikum.** イッヒ フェアシュライベ イーネン アイン アンティビオティクム
766.	この処方せんをもって薬局に行って下さい。	**Gehen Sie mit diesem Rezept in die Apotheke.** ゲーエン ズィー ミット ディーゼム レツェプト イン ディ アポテケ
767.	そこで薬がもらえます。	**Dort bekommen Sie die Medizin.** ドルト ベコメン ズィー ディ メディツィーン
768.	風邪をひきました。	**Ich habe mich erkältet.** イッヒ ハーベ ミッヒ エアケルテット
769.	偏頭痛なんです。	**Ich habe Migräne.** イッヒ ハーベ ミグレーネ
770.	激しい頭痛がします。	**Ich habe starke Kopfschmerzen.** イッヒ ハーベ シュタルケ コプフシュメルツェン
771.	寒気がします。	**Es friert mich.** エス フリールート ミッヒ

772. 全然食欲がありません。　**Ich habe überhaupt keinen Appetit.**
イッヒ　ハーベ　ユーバーハオプト　カイネン　アペティート

773. 吐き気がします。　**Mir ist übel.**
ミーア　イスト　ユーベル

➡ Es ist mir übel〔エス・イスト・ミーア・ユーベル〕のEs〔エス〕を省略するとこうなります。

774. めまいがします。　**Mir ist schwindelig.**
ミーア　イスト　シュヴィンデリヒ

775. 下痢をしています。　**Ich habe Durchfall.**
イッヒ　ハーベ　ドゥルヒファル

776. 胃がキリキリ痛みます　**Ich habe starke Schmerzen im Magen.**
イッヒ　ハーベ　シュタルケ　シュメルツェン　イム　マーゲン

777. 胃の調子がよくありません。　**Mein Magen ist nicht in Ordnung.**
マイン　マーゲン　イスト　ニヒト　イン　オルドゥヌング

778. 耳が痛いんです。　**Ich habe Ohrenschmerzen.**
イッヒ　ハーベ　オーレンシュメルツェン

779. 背中に痛みがあります。　**Ich habe Schmerzen im Rücken.**
イッヒ　ハーベ　シュメルツェン　イム　リュッケン

780. 心臓のあたりが痛いんです。　**Ich habe Schmerzen am Herzen.**
イッヒ　ハーベ　シュメルツェン　アム　ヘルツェン

781.	足が痛い。	**Ich habe Fußweh.** イッヒ ハーベ フースヴェー
782.	脚がむくんでしまいました。	**Meine Beine sind geschwollen.** マイネ バイネ ズィント ゲシュヴォレン
783.	息をするのが苦しいんです。	**Ich kann schwer atmen.** イッヒ カン シュヴェーア アートメン
784.	生理がたいへん不規則なんです。	**Meine Periode ist sehr unregelmäßig.** マイネ ペリオーデ イスト ゼーア ウンレーゲルメースィヒ
785.	避妊薬を処方してほしいのですが。	**Ich möchte eine Antibabypille verschrieben haben.** イッヒ メヒテ アイネ アンティベビーピレ フェアシュリーベン ハーベン
786.	妊娠しているのではないでしょうか？	**Ich glaube, ich bin schwanger.** イッヒ グラオベ イッヒ ビン シュヴァンガー
787.	最後の生理はいつでしたか？	**Wann hatten Sie die letzte Regelblutung?** ヴァン ハッテン ズィー ディ レッツテ レーゲルブルートゥング
788.	上半身裸になって下さい。	**Machen Sie bitte den Oberkörper frei!** マッヘン ズィー ビッテ デン オーバーケルパー フライ
789.	深く息を吸って。	**Atmen Sie tief!** アートメン ズィー ティーフ
790.	お通じのほうはどうですか？	**Wie ist es mit dem Stuhlgang?** ヴィー イスト エス ミット デム シュトゥールガング

791.	ここ，痛いですか？	**Tut es hier weh？** トゥート エス ヒーア ヴェー
792.	レントゲン撮影をしましょう。	**Wir machen eine** ヴィーア マッヘン アイネ **Röntgenaufnahme！** レントゲンアオフナーメ
793.	血圧を測ります	**Wir messen den Blutdruck.** ヴィーア メッセン デン ブルートドゥルック
794.	血圧が高すぎます。	**Ihr Blutdruck ist zu hoch.** イーア ブルートドゥルック イスト ツー ホッホ
795.	血液検査をいたしましょう。	**Wir machen eine** ヴィーア マッヘン アイネ **Blutuntersuchung.** ブルートウンターズーフング
796.	尿を持ってきて下さい。	**Bringen Sie eine Urinprobe.** ブリンゲン ズィー アイネ ウリーンプローベ
797.	3日後に結果がわかります。	**In drei Tagen können Sie** イン ドゥライ ターゲン ケネン ズィー **die Ergebnisse erfahren.** ディ エアゲープニッセ エアファーレン

➡「3日後に」は in drei Tagen〔イン・ドゥライ・ターゲン〕で nach drei Tagen〔ナッハ・ドゥライ・ターゲン〕とは言いません。

798.	検査（の結果）は異常なしです。	**Der Test ist ohne Befund.** デア テスト イスト オーネ ベフント

➡カルテには o.B. と書かれます。

病気の際の決まり文句

799. あなたを病院に送らなければなりません。
Ich muss Sie ins
イッヒ ムス スィー インス
Krankenhaus einweisen.
クランケンハオス アインヴァイゼン

800. （病院で）誰か日本語か英語が話せる人がおりますか？
Ist hier jemand, der
イスト ヒーア イェーマント デア
Japanisch oder Englisch
ヤパーニッシュ オーダー エングリッシュ
spricht？
シュプリヒト

801. もっとゆっくり言って下さい。
Bitte, sprechen Sie
ビッテ シュプレッヒェン スィー
langsamer！
ラングザーマー

802. もしもし，緊急医を派遣して下さい。
Hallo, bitte schicken Sie
ハロー ビッテ シッケン スィー
einen Notarzt.
アイネン ノートアルツト

803. 夫が意識不明です。
Mein Mann ist ohnmächtig.
マイン マン イスト オーンメヒティヒ

➡ Mein Mann ist bewusstlos〔マイン・マン・イスト・ベヴストロース〕でも同じです。

804. もしもし，救急車を頼みます。
Hallo, bitte einen
ハロー ビッテ アイネン
Krankenwagen.
クランケンヴァーゲン

805. 妻が短い間隔で陣痛を起こしてます。
Meine Frau
マイネ フラオ
hat sehr starke Wehen in
ハット ゼーア シュタルケ ヴェーエン イン
kurzen Abständen.
クルツェン アプシュテンデン

806. 私の住所はハンブルク，ランゲンホルン，パンスヴェーク 31 番地です。

Meine Adresse ist Hamburg
マイネ　　アドレッセ　　イスト　ハンブルク
Langenhorn, Pannsweg 31
ランゲンホルン　　　　パンスヴェーク
(einunddreißig).
アインウントドゥライスィヒ

807. 名前は本田です。

Mein Name ist Honda.
マイン　　ナーメ　　イスト　ホンダ

808. 誰か早く来て！　医者を呼んで下さい！

Hilfe！ Rufen Sie einen
ヒルフェ　　ルーフェン　ズィー　アイネン
Arzt.
アルツト

➡ Hilfe！〔ヒルフェ〕はこのように交通事故の現場などで，助けを求めるときにも使います。

809. 救急車を呼んで下さい

Rufen Sie einen
ルーフェン　ズィー　アイネン
Unfallwagen！
ウンファルヴァーゲン

▲ドイツの救急車

☆医者の呼び名☆

　病気になったら，ふつうはなんでも扱う近くの開業医（praktischer Arzt）を訪ねます。最初から専門医（Facharzt）へ行くときのために，それぞれの医者の呼び名をあげておきましょう。

小児科医	Kinderarzt キンダーアルツト
内科医	Internist インテルニスト
外科医	Chirurg ヒルルク
眼科医	Augenarzt アオゲンアルツト
歯科医	Zahnarzt ツァーンアルツト
婦人科医	Frauenarzt; Gynäkologe フラオエンアルツト　ギネコローゲ
皮膚科医	Hautarzt ハオトアルツト
整形外科医	Orthopäde オルトペーデ
耳鼻咽喉科医	Hals-Nasen-Ohren-Arzt ハルス　ナーゼン　オーレン　アルツト
泌尿器科医	Urologe ウロローゲ

　また日本の医学用語には明治期にドイツ語から直訳されたものが数多くあります。たとえば，十二指腸の Zwölffingerdarm〔ツヴェルフフィンガーダルム〕，盲腸の Blinddarm〔ブリントダルム〕，肺炎の Lungenentzündung〔ルンゲンエントツュンドゥング〕などはすぐにわかるでしょう。

21 銀行での決まり文句

810. どこで円をユーロに交換できますか？
Wo kann ich japanische Yen in Euro umtauschen?
ヴォー カン イッヒ ヤパーニッシェ エン イン オイロ ウムタオシェン

811. どの銀行でもできます。
In jeder Bank oder Sparkasse.
イン イェーダー バンク オーダー シュパールカッセ

➡ Sparkasse〔シュパールカッセ〕は，もともとは貯蓄（sparen）を主業務としていた銀行ですが，今では普通の銀行と同じです。

812. 旅行小切手を換金したいのですが。
Ich möchte diese Reiseschecks einlösen.
イッヒ メヒテ ディーゼ ライゼシェックス アインレーゼン

813. 身分証明書を見せていただけますか？
Darf ich Ihren Ausweis sehen?
ダルフ イッヒ イーレン アオスヴァイス ゼーエン

814. 旅券ですが。
Ich habe einen Reisepass.
イッヒ ハーベ アイネン ライゼパス

815. 今日の為替相場は？
Wie steht der Kurs heute?
ヴィー シュテート デア クルス ホイテ

銀行での決まり文句

816. 1ユーロが145円です。

Ein Euro ist hundertfünfundvierzig Yen.

→ 2006年現在の相場です。

817. 500ユーロ分は100ユーロ紙幣で，残りは20ユーロ紙幣でお願いします。

Geben Sie mir fünfhundert Euro in Hunderteuroscheinen und den Rest in Zwanzigeuroscheinen bitte.

818. 10ユーロをこまかく（硬貨に）できますか？

Können Sie mir zehn Euro in Kleingeld (Münzen) umtauschen?

819. 口座を開きたいのですが。

Ich möchte ein Konto eröffnen.

820. 振替口座ですか，預金口座ですか？

Ein Girokonto oder ein Sparkonto?

821. 振替口座とはどんな口座ですか？

Was ist ein Girokonto?

822. 振替口座があると支払いに便利です。

Ein Girokonto ist günstig
アイン　ジーロコント　　　イスト　ギュンスティヒ
für den Zahlungsverkehr.
フュア　デン　　　ツァールングスフェアケール

823. 一冊の小切手帳があなたに渡されます。

Sie bekommen ein
ズィー　ベコメン　　　　　アイン
Scheckheft.
シェックヘフト

824. その小切手で多くの支払いが現金なしでできます。

Mit den Schecks können Sie
ミット　デン　　シェックス　　ケネン　　　ズィー
vieles bargeldlos bezahlen.
フィーレス　バールゲルトロス　　ベツァーレン

825. じゃあ，ガス，電話，家賃など現金でなくても払えるんですね。

Ich kann also Gas, Telefon,
イッヒ　カン　アルゾー　ガス　　　テレフォン
Miete usw. bargeldlos
ミーテ　　ウントゾーヴァイター　バールゲルトロス
bezahlen.
ベツァーレン

➡ usw.（などなど）は und so weiter の略号で，ラテン語 et cetera（etc.）をドイツ語に訳したものです。

826. その通りです，ただし預金残高に利息がつきません。

Ja, das stimmt, aber Sie
ヤー　ダス　シュティムト　アーバー　ズィー
bekommen auf Ihr Guthaben
ベコメン　　　　アオフ　イーア　グートハーベン
keine Zinsen.
カイネ　　ツィンゼン

827. あなたは給料を振替口座に振り込ませることも可能です。

Sie können Ihr Gehalt auf
ズィー　ケネン　　イーア　ゲハルト　　アオフ
Ihr Girokonto überweisen
イーア　ジーロコント　　ユーバーヴァイゼン
lassen.
ラッセン

銀行での決まり文句

828. 日本からもこの口座にお金を振り込むことができます。
Sie können sogar von Japan aus auf dieses Konto Geld überweisen.

829. お金を下ろしたいんです。
Ich möchte Geld abheben.

830. 預金をしたいのですが。
Ich möchte Geld einzahlen.

831. お金の振り込みをお願いします。
Ich möchte Geld überweisen.

832. 預金口座はどんな口座ですか？
Was ist ein Sparkonto？

833. 預金口座は主に貯蓄用です。
Ein Sparkonto ist hauptsächlich zum Sparen da.

834. 利子がつきます。
Sie bekommen Zinsen.

835. しかし1か月に、2,000ユーロまでしか下ろせません。
Sie dürfen aber nur 2000 (zweitausend) Euro pro Monat abheben.

836. 土日はどの銀行も閉まっています。

Sonnabends und
ゾンアーベンツ　　　ウント
sonntags sind alle Banken
ゾンタークス　ズィント アレ　バンケン
geschlossen.
ゲシュロッセン

▲スーパーのカッセ（レジ）

22 郵便局での決まり文句

837.	日本への手紙はいくらですか？	**Wie teuer ist ein Brief nach Japan?** ヴィー トイヤー イスト アイン ブリーフ ナッハ ヤーパン
838.	郵便局で尋ねて下さい。	**Fragen Sie bei der Post.** フラーゲン ズィー バイ デア ポスト
839.	日本あての航空便の料金はいくらですか？	**Was kostet ein Luftpostbrief nach Japan?** ヴァス コステット アイン ルフトポストブリーフ ナッハ ヤーパン
840.	重さによって違います。	**Das geht nach Gewicht.** ダス ゲート ナッハ ゲヴィヒト
841.	この手紙は3ユーロです。	**Dieser Brief kostet drei Euro.** ディーザー ブリーフ コステット ドライ オイロ
842.	はがきの料金は，1ユーロ50です。	**Das Porto für eine Postkarte ist ein Euro fünfzig.** ダス ポルト フュア アイネ ポストカルテ イスト アイン オイロ フュンフツィヒ
843.	切手をいただけますか？	**Kann ich bei Ihnen Briefmarken bekommen?** カン イッヒ バイ イーネン ブリーフマルケン ベコンメン

844. 隣の窓口に行って下さい。　**Gehen Sie zum Schalter nebenan.**
ゲーエン　ズィー　ツム　シャルター　ネーベンアン

845. 80セントの切手10枚と60セントの切手10枚下さい。　**Ich möchte zehn Briefmarken zu achtzig Cent und zehn zu sechzig, bitte.**
イッヒ　メヒテ　ツェーン　ブリーフマルケン　ツー　アハツィヒ　セント　ウント　ツェーン　ツー　ゼヒツィヒ　ビッテ

➡ Centはユーロの最小単位で，1セントは100分の1ユーロです。

846. 記念切手はありますか？　**Haben Sie Sonderbriefmarken?**
ハーベン　ズィー　ゾンダーブリーフマルケン

847. 領収証を下さい。　**Geben Sie mir eine Quittung.**
ゲーベン　ズィー　ミーア　アイネ　クヴィットゥング

➡ eine Quittung〔アイネ・クヴィットゥング〕の代りに einen Beleg〔アイネン・ベレーク〕でもいいです。

848. これを印刷物として送れますか？　**Kann ich das als Drucksache schicken?**
カン　イッヒ　ダス　アルス　ドゥルックザッヘ　シッケン

849. はい，手紙が入ってなければ。　**Ja, wenn kein Brief dabei ist.**
ヤー　ヴェン　カイン　ブリーフ　ダバイ　イスト

850. 封を閉じないで下さい。　**Bitte, den Umschlag offenlassen.**
ビッテ　デン　ウムシュラーク　オッフェンラッセン

郵便局での決まり文句

851. 船便小包の重量制限は10キログラムです。
Das Höchstgewicht für ein Paket auf dem Seeweg ist zehn Kilogramm.
ダス ヘーヒストゲヴィヒト フュア アイン パケート アオフ デム ゼーヴェーク イスト ツェーン キログラム

852. 住所は日本語で書くことも可能です。
Die Adresse kann auf japanisch geschrieben werden.
ディ アドレッセ カン アオフ ヤパーニッシュ ゲシュリーベン ヴェールデン

853. ただ国名だけはローマ字で書きます。
Nur das Land (Japan) muss in lateinischer Schrift sein.
ヌア ダス ラント ヤーパン ムス イン ラタイニッシャー シュリフト ザイン

854. 書留でお願いします。
Dies ist ein Einschreibebrief.
ディース イスト アイン アインシュライベブリーフ

855. この手紙，速達でお願いします。
Ich möchte diesen Brief per Express schicken.
イッヒ メヒテ ディーゼン ブリーフ パー エクスプレス シッケン

856. 日本へ電話をかけたいのですが。
Ich möchte nach Japan telefonieren.
イッヒ メヒテ ナッハ ヤーパン テレフォニーレン

857. 1番のボックスに入って下さい。
Gehen Sie in Zelle eins.
ゲーエン ズィー イン ツェレ アインス

858. 電報を打ちたいのですが。
Ich möchte ein Telegramm aufgeben.
イッヒ メヒテ アイン テレグラム アオフゲーベン

859. ここに電文を書いて下さい。　**Schreiben Sie hier den Text.**
シュライベン　ズィー　ヒーア　デン　テクスト

860. 日本語でも書けます（ローマ字なら）。　**Sie können auch auf japanisch schreiben.**
ズィー　ケネン　アオホ　アオフ　ヤパーニッシュ　シュライベン

861. ウスラー市の郵便番号お願いします。　**Bitte, die Postleitzahl für Uslar.**
ビッテ　ディー　ポストライトツァール　フューア　ウスラー

862. インターネットで見つかりますよ。　**Die finden Sie im Internet.**
ディー　フィンデン　ズィー　イム　インターネット

▲ドイツの郵便局（ポストは黄色）

23 あそびの決まり文句

863. 一緒に来ない？　**Kommst du mit?**
コムスト　ドゥー　ミット

➡ これは親しい間柄(1人)の言い方で，かしこまった場合(敬称)は，Kommen Sie mit?〔コメン・ズィー・ミット〕となります。

864. どこへ？　**Wohin denn?**
ヴォーヒン　デン

865. 泳ぎに行こうと思うんだ。　**Wir gehen zum Schwimmen.**
ヴィーア　ゲーエン　ツム
シュヴィンメン

866. そこまで何で行くんだい？　**Wie kommen wir dorthin?**
ヴィー　コメン　ヴィーア　ドルトヒン

867. 自転車で行くのがいちばん速いよ。　**Mit dem Fahrrad ist es am schnellsten.**
ミット　デム　ファールラート　イスト　エス　アム
シュネルステン

868. プリーマ，自転車は好きなんだ。　**Prima, ich fahre gerne Rad.**
プリーマ　イッヒ　ファーレ　ゲルネ　ラート

➡ プリーマはもともとラテン語ですが，「スバラシイ」の意味で子供たちの間でもよく使われます。

869. 水泳パンツ取ってこいよ，すぐに出発だ。

Pack deine Badehose ein,
パック ダイネ バーデホーゼ アイン
wir wollen gleich los.
ヴィーア ヴォレン グライヒ ロース

870. 屋外プールの入場券は1ユーロだよ。

Die Eintrittskarte ins
ディ アイントゥリッツカルテ インス
Freibad kostet ein Euro.
フライバート コステット アイン オイロ

871. ここが更衣室，あれがコインロッカーだからね。

Hier sind die
ヒーア ズィント ディ
Umkleidekabinen und dort
ウムクライデカビーネン ウント ドルト
die Schließfächer.
ディ シュリースフェッヒャー

872. わかった，スナックの出店のところで会おう。

Gut, treffen wir uns bei der
グート トゥレッフェン ヴィーア ウンス バイ デア
Imbissstube.
インビスシュトゥーベ

873. 飛び込み台の高さは10mある。

Der Sprungturm ist 10
デア シュプルングトゥルム イスト ツェーン
Meter hoch.
メーター ホッホ

874. プールの水深は，5m。

Und das Becken 5 Meter
ウント ダス ベッケン フュンフ メーター
tief.
ティーフ

875. このプールは長さ25m，深さ2mです。

Dieses Schwimmbecken
ディーゼス シュヴィムベッケン
ist zwei Meter tief und
イスト ツヴァイ メーター ティーフ ウント
fünfundzwanzig Meter lang.
フュンフウントツヴァンツィヒ メーター ラング

あそびの決まり文句

876. あそこに泳げない人用のプールと幼児用プールがある。

Dort drüben siehst du das Nichtschwimmerbecken und das Planschbecken.

877. さあ，頭から飛び込みだ！

Los, mit einem Kopfsprung ins Wasser！

878. そうあわてるなよ，まだ準備体操がすんでいないんだ。

Nicht so schnell, ich habe noch keine Gymnastik gemacht.

879. 泳ぎの前に準備体操するのは日本人だけだよ。

Nur der Japaner macht vor dem Schwimmen Gymnastik！

880. そう，習慣なんだ。

Das stimmt, das ist unsere Gewohnheit.

881. いっしょにスケートに行くかい？

Kommst du mit zum Schlittschuhlaufen？

882. いや，その気分じゃないよ。

Nein, ich habe keine Lust.

➡ 若い人の間では，882.の俗語表現のIch habe keinen Bock〔イッヒ・ハーベ・カイネン・ボック〕あるいはIch habe Null Bock〔イッヒ・ハーベ・ヌル・ボック〕がよく使われます。

883.	それにスケートぐつも持ってないんだ。	**Ich habe auch keine** イッヒ ハーベ アオホ カイネ **Schlittschuhe.** シュリットシューエ
884.	それはあそこで借りられるよ。	**Die kann man sich dort** ディー カン マン ズィッヒ ドルト **leihen.** ライエン
885.	行かないよ，本当に行きたくないんだよ。	**Nein, ich habe wirklich** ナイン イッヒ ハーベ ヴィルクリヒ **keine Lust.** カイネ ルスト
886.	ドイツの人はサッカーを見たり，やったりするのが好きです。	**In Deutschland sieht und** イン ドイチュラント ズィート ウント **spielt man gern Fußball.** シュピールト マン ゲルン フースバル
887.	今日は1. FCケルンとHSV（ハンブルクスポーツクラブ）の試合があるよ。	**Heute spielt der erste F C** ホイテ シュピールト デア エールステ エフツェー **Köln gegen den HSV.** ケルン ゲーゲン デン ハーエスファオ

➡ 両方ともプロサッカーリーグBundesliga〔ブンデスリーガ〕所属のチームで，ケルン市とハンブルク市を代表する名門チームです。

888.	その試合見たいな。	**Das möchte ich sehen.** ダス メヒテ イッヒ ゼーエン
889.	立ち席にする，それとも観覧席？	**Nehmen wir** ネーメン ヴィア **einen Stehplatz oder einen** アイネン シュテープラッツ オーダー アイネン **Tribünenplatz?** トゥリビューネンプラッツ

890.	立ち席はふんい気を味わうにはいいが，観覧席のほうが快適です。	**Ein Stehplatz hat mehr Atmosphäre, aber ein Tribünenplatz ist bequemer.** アイン シュテープラッツ ハット メーア アトモスフェーレ アーバー アイン トゥリビューネンプラッツ イスト ベクヴェーマー
891.	われわれは応援団のいる立ち席にしよう，そのほうが安い。	**Nehmen wir Stehplätze bei den Schlachtenbummlern, das ist billiger.** ネーメン ヴィーア シュテープレッツェ バイ デン シュラハテンブンムラルン ダス イスト ビリガー
892.	オットーいる？（戸口などで）	**Ist Otto da?** イスト オットー ダ
893.	子供部屋に行きなさい。	**Geh ins Kinderzimmer.** ゲー インス キンダーツィンマー
894.	太郎と遊べる？	**Kann ich mit Taro spielen?** カン イッヒ ミット タロー シュピーレン
895.	君たちどこへ行くつもりなの？	**Wo wollt ihr denn hin?** ヴォー ヴォルト イーア デン ヒン
896.	遊び場だよ。	**Auf den Spielplatz.** アオフ デン シュピールプラッツ
897.	サッカーボールをもって行きなさい。	**Nimm den Fußball mit.** ニンム デン フースバル ミット
898.	ぼくも入れてよ。	**Kann ich auch mitspielen?** カン イッヒ アオホ ミットシュピーレン

899. お前，まだ小さすぎるよ。　**Du bist noch zu klein.**
ドゥー　ビスト　ノッホ　ツー　クライン

☆ドイツ人とスポーツ☆

　ドイツ人の散歩好きは世界的に有名ですが，スポーツも大好きな国民です。熱狂度からいって，日本の野球にあたるのがサッカーといえましょう。ドイツ人はワールドカップで過去3回優勝（準優勝4回）しています。

　ここではサッカーのブンデスリーガについてふれておきましょう。これは現在18チームからなるプロサッカーの1部連邦リーグのことですが，各チームともホームタウンの代表という性格をもっています。つまり各都市に本拠地をおいているわけです。このほか2部連邦リーグの18のプロチームもあります。ブンデスリーガの誕生は1963年8月24日です。それ以来ドイツ選手権はシーズンの終りに最も多い点数（勝ち点）を獲得したチームに自動的に与えられるようになりました。

　ブンデスリーガの人気選手ともなると，たいへんなもので映画スターや歌手以上にさわがれます。またブンデスリーガは名実ともにクラブスポーツの頂点に位置しており，それを支えているのがドイツ全土にある大小さまざまのサッカークラブです。会員総数は約630万人にものぼるといわれています。だからどんな小さな町や村に行っても，ゴールポストが目につきます。

　大都市には6万人とか8万人収容の大サッカースタジアムもあります。ただしこれは立見席の人数を含めての収容人員なので，全席座席からなる野球場とそのまま単純に比べることはできません。日本の野球場を見なれた目には，ドイツのサッカースタジアムは，思ったより小さく感じられることでしょう。

24 学校生活の決まり文句

900.	学校に行ってるの？	**Gehst du in die Schule?** ケースト ドゥー イン ディー シューレ
901.	はい，ギムナジウムに行ってます。	**Ja, ich gehe aufs Gymnasium.** ヤー イッヒ ゲーエ アオフス ギムナジウム
902.	学校は何時に始まるの？	**Um wieviel Uhr fängt die Schule an?** ウム ヴィーフィール ウーア フェングト ディ シューレ アン
903.	ふつう8時に始まります。	**Sie fängt meistens um acht Uhr an.** ズィー フェングト マイステンス ウム アハト ウーア アン

➡ Sie〔ズィー〕は前の902のdie Schule〔ディー・シューレ〕を受ける代名詞です。

904.	君たち，休み時間には何をするの？	**Was macht ihr in den Pausen?** ヴァス マハト イーア イン デン パオゼン
905.	ぼくたちサンドィッチを食べたり，校庭に出たりします。	**Wir essen unsere Butterbrote und gehen auf den Schulhof.** ヴィーア エッセン ウンゼレ ブッターブローテ ウント ゲーエン アオフ デン シュールホーフ

906.	女の先生に教わっているの，それとも男の先生かな？	**Hast du eine Lehrerin oder einen Lehrer?** ハスト ドゥー アイネ レーレリン オーダー アイネン レーラー
907.	女の先生です。	**Ich habe eine Lehrerin.** イッヒ ハーベ アイネ レーレリン
908.	君たちの担任の先生のお名前は？	**Wie heißt eure Klassenlehrerin?** ヴィー ハイスト オイレ クラッセンレーレリン
909.	ザッハー先生です。	**Frau Sacher.** フラオ ザッハー
910.	今日は宿題はあるの？	**Hast du heute Schulaufgaben auf?** ハスト ドゥー ホイテ シュールアオフガーベン アオフ
911.	うん，かなりたくさんあるよ。	**Ja, ziemlich viel.** ヤー ツィームリッヒ フィール
912.	しっかり勉強しなさい。	**Lern fleißig!** レルン フライスィヒ
913.	あの少女は勉強ができます。	**Das Mädchen lernt gut.** ダス メーチェン レルント グート
914.	あの少年は秀才です。	**Der Junge ist begabt.** デァ ユンゲ イスト ベガープト
915.	ぼくは算数が好きです。	**Ich mag gern Mathe.** イッヒ マーク ゲルン マテ

➡ マテは Mathematik〔マテマティーク〕を略した言い方です。

学校生活の決まり文句

916. 算数は彼の得意科目です。
Mathematik ist seine Stärke.
マテマティーク　イスト　ザイネ　シュテルケ

917. うちの娘は図工が大好きです。
Unsere Tochter mag sehr
ウンゼレ　トホター　マーク　ゼーア
gern Kunst.
ゲルン　クンスト

918. 小学校には宗教の時間があります。
In der Grundschule gibt es
イン　デア　グルントシューレ　ギブト　エス
Religionsunterricht.
レリギオンスウンターリヒト

919. カトリックとプロテスタントの子供たちは別々に授業を受けます。
Katholische und evangelische
カトーリッシェ　ウント　エヴァンゲーリシェ
Kinder lernen getrennt.
キンダー　レルネン　ゲトゥレント

920. 日本の子供はどうなりますか？
Wie ist es bei einem
ヴィー　イスト　エス　バイ　アイネム
japanischen Kind？
ヤパーニッシェン　キント

921. 宗教の授業は強制されません。
Der Religionsunterricht ist
デア　レリギオーンスウンターリヒト　イスト
freiwillig.
フライヴィリヒ

922. 外国人の子供は無理にとる必要はありません。
Ein ausländisches Kind
アイン　アオスレンディシェス　キント
braucht nicht unbedingt
ブラオホト　ニヒト　ウンベディンクト
daran teilzunehmen.
ダラン　タイルツーネーメン

923. その時間はフリーになります。
Für die Stunde kann es frei
フュア　ディ　シュトゥンデ　カン　エス　フライ
haben.
ハーベン

151

924. 来週父母会があります。　**Nächste Woche ist**
　　　　　　　　　　　　　　ネヒステ　ヴォッヘ　イスト
　　　　　　　　　　　　　　Elternabend.
　　　　　　　　　　　　　　エルテルンアーベント

➡ PTA にあたるのがエルテルンアーベント（父母会）です。夜に会合がもたれることから，Eltern（両親）の Abend（夜）という名が生まれました。

925. 大学で何を勉強していますか？　**Was studieren Sie?**
　　　　　　　　　　　　　　　　ヴァス　シュトゥディーレン　ズィー

➡ 同じ勉強でも大学生には lernen〔レルネン〕ではなく，studieren〔シュトゥディーレン〕を使います。

926. 法律を専攻してます。　**Ich studiere Jura.**
　　　　　　　　　　　　イッヒ　シュトゥディーレ　ユーラ

➡ Jura は Rechtswissenschaft〔レヒツヴィッセンシャフト〕とも言います。

927. もうどのくらい長く勉強していますか？　**Wie lange studieren Sie**
　　　　　　　　　　　　　　　　　　　ヴィー　ランゲ　シュトゥディーレン　ズィー
　　　　　　　　　　　　　　　　　　　schon?
　　　　　　　　　　　　　　　　　　　ショーン

928. 8 ゼメスターです。　**Acht Semester.**
　　　　　　　　　　　アハト　ゼメスター

➡ ドイツの大学はゼメスター制度をとっています。Wintersemester〔ヴィンターゼメスター〕（冬学期），Sommersemester〔ゾンマーゼメスター〕（夏学期）と1年を2分して数えます。8ゼメスターは4年間です。

929. 奨学金はもらっていますか？　**Haben Sie ein**
　　　　　　　　　　　　　　ハーベン　ズィー　アイン
　　　　　　　　　　　　　　Stipendium?
　　　　　　　　　　　　　　シュティペンディウム

930.	ええ，ドイツ学術交流会のをもらっています。	**Ja, ich habe das DAAD-Stipendium.** ヤー　イッヒ　ハーベ　ダス　デーアーアーデー シュティペンディウム
931.	クラウゼ教授の講義はどこでしょう？	**Wo liest Professor Krause?** ヴォー　リースト　プロフェッサー　クラオゼ
932.	302番教室です。	**Im Hörsaal 302 (dreihundertzwei).** イム　ヘールザール ドゥライフンデルトツヴァイ
933.	講義はあと10分で始まります。	**Die Vorlesung beginnt in zehn Minuten.** ディ　フォアレーズング　ベキント　イン ツェーン　ミヌーテン
934.	後でメンザに行きましょうか。	**Gehen wir hinterher in die Mensa?** ゲーエン　ヴィア　ヒンターヘア　イン　ディ メンザ

➡ Mensa〔メンザ〕はラテン語で原意は机ですが，今は転じて学生食堂をさすのに用いられています。

935.	いいですよ。	**Abgemacht.** アプゲマハト
936.	博士の学位を取得するつもりですか？	**Wollen Sie promovieren?** ヴォレン　スィー　プロモヴィーレン
937.	はい，もう博士論文を書いています。	**Ja, ich schreibe schon meine Doktorarbeit.** ヤー　イッヒ　シュライベ　ショーン マイネ　ドクトアアルバイト

938. 副専攻科目は何をとっていますか？

Was sind Ihre
ヴァス　ズィント　イーレ
Nebenfächer?
ネーベンフェッヒャー

939. 政治学と歴史です。

Politologie und
ポリトロギー　　　ウント
Geschichte.
ゲシヒテ

▲入学祝い袋を持った新1年生

25

役所での決まり文句

940. 市役所はどちらでしょうか？　**Wo ist das Rathaus?**
ヴォー イスト ダス ラートハオス

➡ 市役所（市庁舎）の呼び名は Rathaus ですが，ただ役所という場合には，次のような言い方があります。ニュアンスは地区の役場という感じです。いずれの役所でも住民登録などの業務を行っています。
Wo ist das Einwohnermeldeamt?〔ヴォー・イスト・ダス・アインヴォーナーメルデアムト〕
Wo ist das Bezirksamt?〔ヴォー・イスト・ダス・ベツィルクスアムト〕
Wo ist das Ortsamt?〔ヴォー・イスト・ダス・オルツアムト〕

941. ドイツに長期滞在する場合は，役所に届け出なければなりません。

Für einen langen
フュア アイネン ランゲン
Aufenthalt in Deutschland
アオフエントハルト イン ドイツチュラント
muss man sich beim
ムス マン ズィッヒ バイム
Bezirksamt anmelden.
ベツィルクスアムト アンメルデン

942. その際，ビザがないと，滞在許可証をもらえません。

Man bekommt dabei keine
マン ベコムト ダバイ カイネ
Aufenthaltserlaubnis ohne
アオフエントハルツエアラオブニス オーネ
Visum.
ヴィズム

943. ここにあなたの名前と住所を書いて下さい。
Schreiben Sie hier Ihren Namen und Ihre Anschrift.
シュライベン ズィー ヒーア イーレン ナーメン ウント イーレ アンシュリフト

944. あなたの国籍は？
Wie ist Ihre Staatsangehörigkeit？
ヴィー イスト イーレ シュターツアンゲヘーリッヒカイト

➡ 国籍は Nationalität〔ナツィオナリテート〕でもよい。

945. 日本（人）です。
Ich bin Japaner.
イッヒ ビン ヤパーナー

946. パスポートを見せて下さい。
Zeigen Sie Ihren Pass.
ツァイゲン ズィー イーレン パス

947. いつドイツに来ましたか？
Wann sind Sie in Deutschland angekommen？
ヴァン ズィント ズィー イン ドイッチュラント アンゲコンメン

948. どのくらいドイツに滞在しますか？
Wie lange wollen Sie in Deutschland bleiben？
ヴィー ランゲ ヴォレン ズィー イン ドイッチュラント ブライベン

949. 約1年です。
Etwa ein Jahr.
エトヴァ アイン ヤール

950. ツーリストならビザは不要ですが，3か月以上は滞在できません。
Als Tourist braucht man kein Visum, darf aber nicht länger als drei Monate bleiben.
アルス トゥーリスト ブラオホト マン カイン ヴィズム ダルフ アーバー ニヒト レンガー アルス ドゥライ モーナーテ ブライベン

役所での決まり文句

951. 署名をして下さい。
Unterschreiben Sie bitte.
ウンターシュライベン ズィー ビッテ

952. ここに家主の署名が必要です。
Der Hauseigentümer muss hier unterschreiben.
デア ハオスアイゲンテューマー ムス
ヒーア ウンターシュライベン

953. 警察署はどちらでしょうか？
Wo ist die Polizei?
ヴォー イスト ディ ポリツァイ

954. 財布を盗まれてしまいました。
Mein Portmonee ist gestohlen worden.
マイン ポルトモネー イスト
ゲシュトーレン ヴォールテン

955. 遺失物保管所はどこにありますか？
Wo ist das Fundbüro?
ヴォー イスト ダス フントビューロー

956. いつバッグをなくしましたか？
Wann haben Sie die Tasche verloren?
ヴァン ハーベン ズィー ディ タッシェ
フェアローレン

957. 今日10時，9番線の電車の中です。
Heute um zehn Uhr in der Linie neun.
ホイテ ウム ツェーン ウーア イン デア
リーニエ ノイン

958. バッグの外見は？
Wie sieht die Tasche aus?
ヴィ ズィート ディ タッシェ アオス

959. 茶色の婦人用ショルダーバッグです。
Es ist eine braune Damentasche zum Umhängen.
エス イスト アイネ ブラオネ
ダーメンタッシェ ツム ウムヘンゲン

960. 中身を言って下さい。　　**Beschreiben Sie den Inhalt.**
　　　　　　　　　　　　　　ベシュライベン　ズィー　デン　インハルト．

961. 中には何が…？　　　　　**Was ist drin?**
　　　　　　　　　　　　　　ヴァス　イスト　ドゥリン

962. 約200ユーロ入りの財布と旅券です。　**Ein Portmonee mit ca. €200**
　　　　　　　　　　　　　　アイン　ポルトモネー　ミット
　　　　　　　　　　　　　　(circa zweihundert Euro)
　　　　　　　　　　　　　　ツィルカ　ツヴァイフンデルト　オイロ
　　　　　　　　　　　　　　und mein Reisepass.
　　　　　　　　　　　　　　ウント　マイン　ライゼパス

963. クレジットカードの紛失はすぐ届ける必要があります。　**Den Verlust der**
　　　　　　　　　　　　　　デン　フェアルスト　デア
　　　　　　　　　　　　　　Kreditkarten müssen Sie
　　　　　　　　　　　　　　クレディトカルテン　ミュッセン　ズィー
　　　　　　　　　　　　　　sofort melden.
　　　　　　　　　　　　　　ゾフォルト　メルデン

964. 何も見つかっていません。　**Wir haben nichts gefunden.**
　　　　　　　　　　　　　　ヴィーア　ハーベン　ニヒツ　ゲフンデン

965. 残念ながらお役に立てません。　**Ich kann Ihnen leider nicht**
　　　　　　　　　　　　　　イッヒ　カン　イーネン　ライダー　ニヒト
　　　　　　　　　　　　　　helfen.
　　　　　　　　　　　　　　ヘルフェン

966. 明日もう一度来て下さい。　**Kommen Sie morgen noch**
　　　　　　　　　　　　　　コメン　ズィー　モルゲン　ノッホ
　　　　　　　　　　　　　　einmal wieder.
　　　　　　　　　　　　　　アインマル　ヴィーダー

967. 苦情申し立てです。　　　**Ich möchte mich beschweren.**
　　　　　　　　　　　　　　イッヒ　メヒテ　ミッヒ　ベシュヴェーレン

968. わが家の出入口に車が止まっています。　**Vor meiner Einfahrt parkt**
　　　　　　　　　　　　　　フォア　マイナー　アインファールト　パルクト
　　　　　　　　　　　　　　ein Wagen.
　　　　　　　　　　　　　　アイン　ヴァーゲン

969. 盗難届けを出したいんです。　　**Ich möchte eine Anzeige erstatten.**
イッヒ メヒテ アイネ アンツァイゲ エアシュタッテン

970. 車がこじ開けられてしまいました。　　**In meinen Wagen ist eingebrochen worden.**
イン マイネン ヴァーゲン イスト アインゲブロッヘン ヴォールデン

971. 証言したいと思います。　　**Ich möchte eine Aussage machen.**
イッヒ メヒテ アイネ アオスザーゲ マッヘン

▲バート・カールスハーフェン市庁舎

26
部屋さがしの決まり文句

972.	部屋をさがしてます。	**Ich suche ein Zimmer.** イッヒ ズーヘ アイン ツィンマー
973.	家具つきのですか？	**Soll es möbliert sein?** ゾル エス メブリールト ザイン
974.	ええ，家具つきの部屋です。	**Ja, ein möbliertes Zimmer.** ヤー アイン メブリールテス ツィンマー
975.	この古い建物の部屋は格安です。	**Dieses Zimmer in der** ディーゼス ツィンマー イン デア **Altbauwohnung ist günstig.** アルトバオヴォーヌング イスト ギュンスティヒ
976.	それに中心に位置しています。	**Es liegt auch zentral.** エス リークト アオホ ツェントラール
977.	その部屋は暖房つきですか？	**Hat das Zimmer** ハット ダス ツィンマー **Zentralheizung?** ツェントラールハイツング
978.	ええ，家賃は暖房込みです。	**Ja, die Miete ist inklusive** ヤー ディ ミーテ イスト インクルズィヴェ **Heizung.** ハイツング

979.	おふろは共用です。	**Das Badezimmer wird gemeinsam benutzt.**
980.	そこでは料理もできます。	**Auch eine Kochgelegenheit ist dort.**
981.	その部屋を実際に見てみたいですね。	**Ich möchte das Zimmer besichtigen.**
982.	あなた方はここベルリンのどこにお住まいですか？	**Wo wohnen Sie hier in Berlin?**
983.	シュテークリッツのアパートです。	**In Steglitz in einer Mietwohnung.**
984.	賃貸契約は結ばれましたか？	**Haben Sie einen Mietvertrag abgeschlossen?**
985.	はい，私たちは契約書にサインをしました。	**Ja, wir haben einen Vertrag unterschrieben.**
986.	権利金はいくらでしたか？	**Wie hoch war der Baukostenzuschuss?**

987.	私たちは権利金いりませんでした。	**Wir brauchten keinen** ヴィーア ブラオホテン　カイネン **Baukostenzuschuss zu zahlen.** バオコステンツーシュス　　　ツー ツァーレン
988.	そのかわり，2か月分の保証金（を払いました）。	**Dafür aber eine Kaution** ダフュア　アーバー　アイネ　カオツィオーン **von zwei Monaten.** フォン　ツヴァイ　モーナーテン
989.	解約告知期間はどのくらいですか？	**Wie lang ist die** ヴィー　ラング　イスト　ディ **Kündigungsfrist?** キュンディグングスフリスト
990.	2か月前に予告する必要があります。	**Wir müssen zwei Monate** ヴィーア　ミュッセン　ツヴァイ　モーナーテ **vorher kündigen.** フォアヘア　キュンディゲン
991.	退去の際には改装費用も払わなければなりません。	**Für die Renovierung beim** フュア　ディ　レノヴィールング　　　バイム **Auszug müssen wir auch** アオスツーク　ミュッセン　ヴィーア アオホ **bezahlen.** ベツァーレン
992.	それはごく一般的なことですか？	**Ist das so üblich?** イスト　ダス　ゾー　ユーブリヒ
993.	はい，ドイツでは住まいは入居したときと同じ状態で引き渡さなければなりません。	**Ja, in Deutschland muss** ヤー　イン　ドイッチュラント　　　ムス **eine Wohnung im gleichen** アイネ　ヴォーヌング　イム　グライヒェン **Zustand verlassen werden,** ツーシュタント　フェアラッセン　　ヴェールデン **wie sie bezogen wurde.** ヴィー　ズィー　ベツォーゲン　　ヴルデ

部屋さがしの決まり文句

994. 家賃は何もなしで1200ユーロです。
Die Miete beträgt kalt 1200 (tausendzweihundert) Euro.

995. それはどういうことですか？
Was heißt das?

996. 暖房と電気代を含まないでということです。
Das heißt ohne Heizung und Elektrizität.

997. あなた方は住まいをどのようにして見つけましたか？
Wie haben Sie die Wohnung gefunden?

998. 私たちは新聞の広告欄でさがしました。
Wir haben in der Zeitung nach Inseraten gesucht.

999. 私は大変不便な所に住んでいるので引っ越したいのです。
Ich möchte umziehen, da ich so abgelegen wohne.

1000. ぼくは閑静な住宅街に住まいをさがしています。
Ich suche eine Wohnung in einem ruhigen Wohngebiet.

▲停留所の標識

▲フランケン・シュターディオン（ニュルンベルク）

付録：短くて役に立つ決まり文句

1. これは何ですか？
   Was ist das?
   ヴァス　イスト　ダス

2. これは何と言いますか？
   Wie heißt das?
   ヴィー　ハイスト　ダス

3. ……をドイツ語では何と言いますか？
   Wie sagt man …… auf deutsch?
   ヴィー　ザークト　マン　　　アオフ
   ドイッチュ

   ➡ 知っている英語の単語や表現から，ドイツ語での言い方を聞き出すときに。……のところに dog などを入れてみましょう。

4. お先にどうぞ。
   Nach Ihnen, bitte!
   ナッハ　イーネン　ビッテ

   ➡ 英語の Go ahead! にあたります。

5. 私についてきて下さい。
   Folgen Sie mir bitte!
   フォルゲン　ズィー　ミーア　ビッテ

6. 左，それとも右？
   Links oder rechts?
   リンクス　オーダー　レヒツ

   ➡ 車に乗っていて，よく聞いたり，聞かれたりする表現です。

7. ここ，それともあそこ？　　**Hier oder da drüben？**
　　　　　　　　　　　　　　ヒーア　オーダー　ダ　ドゥリューベン

8. あそこです。　　　　　　　**Da drüben！**
　　　　　　　　　　　　　　ダ　ドゥリューベン

9. おっとどっこい。　　　　　**Hoppla！**
　　　　　　　　　　　　　　ホップラ

➡水たまりなどを飛びこすときなどに，これが自然に口をついて出たら，会話力も相当なものです。

10. あっ，そう。　　　　　　　**Ach so！**
　　　　　　　　　　　　　　アッ　ソー

➡この表現は，日本語と全く同じなので便利です。会話を続けるための潤滑油ともなるでしょう。

11. うまくやれよ。　　　　　　**Mach's gut！**
　　　　　　　　　　　　　　マッハス　グート

12. うん，君も（うまくやれよ）。　**Danke, gleichfalls！**
　　　　　　　　　　　　　　ダンケ　グライヒファルス

➡gleichfalls〔グライヒファルス〕（ご同様に）は相手の言ったことを，そのままくり返さないで言うときに使います。いろいろな場面に使える応用範囲のひろい表現です。

13. 実に残念！　　　　　　　　**O, wie schade！**
　　　　　　　　　　　　　　オー　ヴィー　シャーデ

14. もちろんだよ。　　　　　　**Na klar.**
　　　　　　　　　　　　　　ナー　クラー(ル)

➡君もやるかなどと念を押されたときに言います。

15. 変わりない？　　　　　　**Alles klar?**
　　　　　　　　　　　　　　アレス　クラー(ル)

　➡ 親しい間柄で「元気かい」の意味で使います。

16. うん，問題なし。　　　　**Ja, alles klar.**
　　　　　　　　　　　　　　ヤー　アレス　クラー(ル)

17. そう思います。　　　　　**Das glaube ich.**
　　　　　　　　　　　　　　ダス　グラオベ　イッヒ

18. はい，そうです。　　　　**Ja, richtig.**
　　　　　　　　　　　　　　ヤー　リヒティヒ

19. その通り（です）。　　　**So ist's.**
　　　　　　　　　　　　　　ソー　イスツ

20. 私はいいですよ。　　　　**Meinetwegen!**
　　　　　　　　　　　　　　マイネットヴェーゲン

　➡ 「私に関しては異存なし」の意味で使われます。

21. そんなこと言わないで下さい。　**Aber ich bitte Sie!**
　　　　　　　　　　　　　　　　　アーバー　イッヒ　ビッテ　ズィー

22. 冗談じゃないですよ。　　**Da muss ich doch sehr bitten.**
　　　　　　　　　　　　　　ダ　ムス　イッヒ　ドッホ　ゼーア　ビッテン

23. 気に入っています。　　　**Es gefällt mir.**
　　　　　　　　　　　　　　エス　ゲフェルト　ミーア

24. 何か新しいことがありますか？　**Was gibt es Neues?**
　　　　　　　　　　　　　　　　　ヴァス　ギプト　エス　ノイエス

25. とんでもない。　　　　　**Um Gottes willen!**
　　　　　　　　　　　　　　ウム　ゴッテス　ヴィレン

26. やれやれ。　　　　　　　　**Gott sei Dank!**
　　　　　　　　　　　　　　　ゴット　ザイ　ダンク

➡ 不安，心配などが去ったときに言います。

27. どうしようもない。　　　　**Nichts zu machen!**
　　　　　　　　　　　　　　　ニヒツ　ツー　マッヘン

28. できるだけ速く。　　　　　**So schnell wie möglich.**
　　　　　　　　　　　　　　　ゾー　シュネル　ヴィー　メークリッヒ

➡ 依頼した仕事などを速くやってもらうときに。タクシーの運転手などにも。

29. そんなことって本当にありますか？　**Ist das möglich?**
　　　　　　　　　　　　　　　イスト　ダス　メークリッヒ

30. そんなこと！　　　　　　　**Ach, so was!**
　　　　　　　　　　　　　　　アッハ　ゾー　ヴァス

31. そんなばかな！　　　　　　**Unmöglich!**
　　　　　　　　　　　　　　　ウンメークリヒ

32. 問題にならない！　　　　　**Kommt nicht in Frage!**
　　　　　　　　　　　　　　　コムト　ニヒト　イン　フラーゲ

33. 見当がつきません。　　　　**Keine Ahnung!**
　　　　　　　　　　　　　　　カイネ　アーヌング

➡ Ich weiß es nicht.〔イッヒ・ヴァイス・エス・ニヒト〕よりも個人的なニュアンスがあります。

34. いや…，わかりません。　　**Nicht, dass ich wüßte.**
　　　　　　　　　　　　　　　ニヒト　ダス　イッヒ　ヴュステ

➡ 不確かな否定の表現。「私の知っているかぎりではそうではない」というときに使います。Mir ist nichts bekannt〔ミーア・イスト・ニヒツ・ベカント〕とも。

付録：短くて役に立つ決まり文句

35.	…ね（そうですね）。	**……, nicht wahr?** ニヒト　ヴァール
36.	おやまあ。	**Du, liebe Zeit!** ドゥー　リーベ　ツァイト
37.	そうかもしれない。	**Mag sein!** マーク　ザイン
38.	そうですね，多分。	**Kann sein!** カン　ザイン
39.	どっちでもいいよ。	**Es ist mir egal.** エス　イスト　ミーア　エガール
40.	やめて下さい。	**Lassen Sie!** ラッセン　ズィース
41.	もうたくさんだ。	**Jetzt reicht es mir.** イェッツト　ライヒト　エス　ミーア
42.	もうこの調子ではいかないよ。	**So geht es nicht mehr weiter.** ゾー　ゲート　エス　ニヒト　メーア　ヴァイター

➡ 親がなまけ者の子供に注意をうながすときなどに使います。

43.	これは場違いです。	**Das ist fehl am Platz.** ダス　イスト　フェール　アム　プラッツ
44.	それは好みの問題ですね。	**Das ist Geschmackssache.** ダス　イスト　ゲシュマックスザッヘ

➡ 日本の諺「たで食う虫も好きずき」と同じです。

45.	それはまた不運な。	**Das ist aber Pech!** ダス　イスト　アーバー　ペッヒ
46.	それはすばらしい。	**Das ist ja großartig.** ダス　イスト　ヤー　グロースアルティヒ

47. とてもすごい。　　　　**(Das ist ja) toll.**
　　　　　　　　　　　　　ダス　イスト　ヤー　トル

　　➡ くだけた俗語的な表現です。

48. ご参考までにお耳に入れておきます。　**Das nur zu Ihrer**
　　　　　　　　　　　　　ダス　ヌア　ツー　イーラー
　　　　　　　　　　　　　Information!
　　　　　　　　　　　　　インフォルマツィオーン

49. 私にはそれがよくわかります。　**Das kann ich mir gut**
　　　　　　　　　　　　　ダス　カン　イッヒ　ミーア　グート
　　　　　　　　　　　　　vorstellen.
　　　　　　　　　　　　　フォアシュテレン

50. 大丈夫ですか？　　　　**Ist alles in Ordnung?**
　　　　　　　　　　　　　イスト　アレス　イン　オルドヌング

51. これでいいですか？　　**Ist das so richtig?**
　　　　　　　　　　　　　イスト　ダス　ゾー　リヒティヒ

52. O.K.ですか？　　　　　**Ist das O.K.?**
　　　　　　　　　　　　　イスト　ダス　オーケー

　　➡ 英語の「オーケー」はそのままの発音でドイツ語でも使われます。

53. ご親切にどうもありがとうございます。　**Das ist sehr nett von Ihnen.**
　　　　　　　　　　　　　ダス　イスト　ゼーア　ネット　フォン　イーネン

54. あなたのご親切は忘れないでしょう。　**Ich werde Ihre Freundlichkeit**
　　　　　　　　　　　　　イッヒ　ヴェールデ　イーレ　フロイントリッヒカイト
　　　　　　　　　　　　　nicht vergessen.
　　　　　　　　　　　　　ニヒト　フェアゲッセン

55. どういたしまして，喜んでしたことです。　**Bitte, bitte, gern geschehen.**
　　　　　　　　　　　　　ビッテ　ビッテ　ゲルン　ゲシェーエン

56. 少し気が軽くなりました。　　**Da bin ich aber erleichtert.**
　　　　　　　　　　　　　　　　ダー　ビン　イッヒ　アーバー　エアライヒテルト

　➡自分の失敗を許されたり，やらなくてはならないと思っていた面倒なことを免除されたときなどに使います。

57. 全力をつくします。　　　　**Ich werde mein Bestes tun.**
　　　　　　　　　　　　　　　イッヒ　ヴェールデ　マイン　ベステス　トゥン

58. いつまでにそれが必要ですか？　**Bis wann brauchen Sie es?**
　　　　　　　　　　　　　　　　ビス　ヴァン　ブラオヘン　ズィー　エス

59. 余分なお手間でなければ。　**Nur wenn es Ihnen nichts ausmacht.**
　　　　　　　　　　　　　　　ヌア　ヴェン　エス　イーネン　ニヒツ　アオスマハト

　➡相手の好意的な申し出を受け入れるときなどに使います。

60. だんだんとわかってきました。　**Allmählich leuchtet es mir ein.**
　　　　　　　　　　　　　　　　アルメーリッヒ　ロイヒテット　エス　ミーア　アイン

61. 乗りかかった船だ。　　　　**Wenn schon, denn schon!**
　　　　　　　　　　　　　　　ヴェン　ショーン　デン　ショーン

　➡「毒を食らわば皿まで」の意味もあります。

62. 時が経てばよい知恵が浮かぶ。　**Kommt Zeit, kommt Rat.**
　　　　　　　　　　　　　　　　コムト　ツァイト　コムト　ラート

63. 他の国々には他の習慣あり。　**Andere Länder, andere Sitten.**
　　　　　　　　　　　　　　　　アンデレ　レンダー　アンデレ　ズィッテン

➡ ラテン語の諺 Cuius regio, eius religio〔クウイウス・レーギオ・エイウス・レリギオ〕のドイツ語訳です。「所変われば品変わる」「郷に入れば郷にしたがえ」にあたります。

64. 習うより，慣れよ。　**Übung macht den Meister.**
ユーブング　マハト　デン　マイスター

65. それはどのようにつづりますか？　**Wie buchstabiert man das？**
ヴィー　ブーフシュタビールト　マン　ダス

66. スペルを言って下さい。　**Wollen Sie bitte buchstabieren！**
ヴォレン　ズィー　ビッテ
ブーフシュタビーレン

67. もっとはっきり言って下さい。　**Drücken Sie sich näher aus.**
ドゥリュッケン　ズィー　ズィッヒ　ネーアー　アオス

➡ 奥歯に物のはさまった言い方ではなく，「はっきり言って下さい」というときに使います。

68. 大船に乗った気持でいていいですか？　**Kann ich mich darauf verlassen？**
カン　イッヒ　ミッヒ　ダラオフ
フェアラッセン

69. 好きです。　**Ich liebe dich**
イッヒ　リーベ　ディッヒ

70. ぼくは幸せです。　**Ich bin glücklich.**
イッヒ　ビン　グリュックリッヒ

71. 驚きました。　**Ich bin überrascht.**
イッヒ　ビン　ユーバーラッシュト

72. 非常に忙しいです。　**Ich bin sehr beschäftigt.**
イッヒ　ビン　ゼーア　ベシェフティクト

73.	あなたと全く同意見です。	**Ich bin ganz Ihrer Meinung.** イッヒ ビン ガンツ イーラー マイヌング
74.	心配です。	**Ich habe Angst.** イッヒ ハーベ アングスト
75.	彼は機嫌が悪い。	**Er hat schlechte Laune.** エア ハット シュレヒテ ラオネ

➡ Er ist schlecht gelaunt.〔エア・イスト・シュレヒト・ゲラオント〕でも同じです。

76.	どこに違いがあるのですか？	**Worin liegt der Unterschied？** ヴォーリン リークト デア ウンターシート
77.	違いは何ですか？	**Was ist der Unterschied？** ヴァス イスト デア ウンターシート
78.	それは私には関係ありません。	**Das ist nicht meine Sache.** ダス イスト ニヒト マイネ ザッヘ
79.	それはぼくの関わることじゃない。	**Das ist nicht mein Bier.** ダス イスト ニヒト マイン ビーア
80.	休憩にしましょうか？	**Wollen wir eine Pause machen？** ヴォレン ヴィーア アイネ パオゼ マッヘン
81.	これで全部ですか？	**Ist das alles？** イスト ダス アレス
82.	壊れてしまった。	**Das ist kaputt gegangen.** ダス イスト カプト ケガンゲン
83.	こんどは私の番です。	**Jetzt bin ich dran.** イェッツト ビン イッヒ ドゥラン

➡️ トランプや碁などで自分の順番になったときに言います。

84. この場合どうしたらいいですか？

Was tut man in dem Fall?
ヴァス トゥート マン イン デム ファル

85. ほろ酔い機嫌です。

Ich habe einen Schwips.
イッヒ ハーベ アイネン シュヴィプス

➡️ Ich bin beschwipst.〔イッヒ・ビン・ベシュヴィプスト〕とも。

86. お急ぎですか？

Haben Sie es eilig?
ハーベン ズィー エス アイリヒ

87. 彼のことは名前を通してのみ知っています。

Ich kenne ihn bloß dem
イッヒ ケネ イーン ブロース デム
Namen nach.
ナーメン ナッハ

➡️「〜さんを知っていますか」と聞かれたときに使ったりします。

88. 彼女の名前が思い浮かびません。

Ich komme nicht auf ihren
イッヒ コメ ニヒト アオフ イーレン
Namen.
ナーメン

89. 私の思い違いでなければ、……

Wenn ich mich nicht irre,
ヴェン イッヒ ミッヒ ニヒト イレ
….

90. 私の記憶に間違いなければ、……

Wenn ich mich richtig
ヴェン イッヒ ミッヒ リヒティヒ
(recht) erinnere, ….
レヒト エリンネレ

91. 最後に笑う者が、もっともよく笑う。

Wer zuletzt lacht, lacht am besten.
ヴェア　ツーレッツト　ラハト　ラハト　アム　ベステン

92. 終わりよければ、すべてよし。

Ende gut, alles gut.
エンデ　グート　アレス　グート

➡ 91, 92はドイツの諺です。

93. よい週末を！

Schönes Wochenende!
シェーネス　ヴォッヘンエンデ

☆ドイツ乗物事情☆

　バスや電車の中でよく大きな犬を連れている人を見かけますが、ドイツでは犬も電車に乗ることができます。ただし犬も乗車券を買わなければなりません。このほか地下鉄などでも自転車といっしょに乗り込むことも可能です。車両後方に自転車置場があります。シルバーシートや身障者用の座席はどんな乗物にもあります。犬などが乗ることができるのもベビーカーを持ちこめるのも、日本と違ってドイツの乗物はすいているからといえましょう。超満員電車はほとんど見かけません。それだけマイカーの利用率が高いといえます。

話せるドイツ語会話
DEUTSCH wie man es spricht

2006年5月23日　1刷

著　者　　遠　山　義　孝
　　　　　遠　山　ヘルガ
　　　　　Ⓒ Yoshitaka Toyama
　　　　　　　Helga Toyama, 2006

発行者　　南雲一範

発行所　　株式会社 **南雲堂**
　　　　　〒162-0801 東京都新宿区山吹町 361
　　　　　電　話 (03) 3268-2311 (営業部)
　　　　　　　　 (03) 3268-2384 (編集部)
　　　　　Ｆ Ａ Ｘ (03) 3260-5425 (営業部)
　　　　　振替口座　00160-0-46863

印刷所／株式会社教文堂　　製本所／松村製本

Printed in Japan　〈検印者略〉
乱丁・落丁本はご面倒ですが小社通販係宛ご送付下さい。
送料小社負担にてお取替えいたします。

ISBN4-523-51055-5　C0084〈P-55〉

E-mail　nanundo@post.email.ne.jp
URL　　http://www.nanun-do.co.jp